खलंगामा हमला

एउटी नर्सको डायरी

राधा पौडेल

nepa~laya

प्रकाशक : पब्लिकेसन नेपा~लय,
कालिकास्थान, काठमाडौँ
फोन : ०१-४४३९७८६
इमेल : publication@nepalaya.com.np
www.nepalaya.com.np

© लेखक

संस्करण : पहिलो, सन् २०१३
दोस्रो, सन् २०१४
१ २

आवरण : जे.एन.आर. डिजाइन
आवरण तस्विर : मोहन मैनाली
(खलंगा हमलापछिको भग्नावशेष)
मुद्रक : जगदम्बा प्रेस, हात्तीवन, ललितपुर

ISBN : 978- 9937-8924-1-4

KHALANGAMA HAMALA a memoir by RADHA PAUDEL

दुई शब्द

म नर्स हुँ। द्वन्द्व पछाडिको राजनीति बुझ्दिनँ। खालि यसले छाडेका घाउ देख्छु। खलंगा हमलाको साक्षी बनेपछि मेरो कोसिस यही छ, त्यो घाउको टाटासम्म भरियोस्।

सरकारी जागिर छाडेर विकासे काम सुरु गरेपछि गरिबी, सामाजिक विभेद र द्वन्द्वले आक्रान्त कर्णालीबासीसँग मेरो साक्षात्कार भयो। सानैदेखि गरिबी भोगेकीले म उनीहरूको दुःख आत्मसात् गर्न सक्थें। यसबीच द्वन्द्वको त्रास नजिकबाट देखें। माओवादी र सुरक्षा निकायको अचानो बनेर काम गर्नुपर्दाको पीडा भोगें। सबभन्दा ठूलो कुरा, कर्णालीबासीको मनोदशा बुझें, जसले उज्ज्वल भविष्यको सपना देख्ने हैसियतसम्म राख्दैनन्। मलाई लाग्यो, यो अनुभव संग्रह गरिनुपर्छ।

म आफूलाई यहाँसम्म ल्याउन सहयोग पुऱ्याउने सबैलाई धन्यवाद दिन चाहन्छु। एक्सन वर्क्स नेपालको 'मितेरी गाउँ-सँगसँगै बाँचौं'का मितहरू। किताब लेख्न घच्घच्याउने भाइ सरोज दाहाल र उत्तमब्लोन लामा। मेरा किरिङमिरिङ अक्षर टाइप गरिदिने नारायण निरौला। प्रकाशनको जिम्मा लिइदिने पब्लिकेसन्स नेपा~लय। भिनाजुहरू उमाकान्त रेग्मी, ठाकुरप्रसाद वस्ती र लिलाराज भण्डारी।

मेरा छोराछोरी अनुपा, सरुपा, अनिल, सञ्जीव, सञ्जिता, सौरभ, शर्मिला, ममता, एलिसा, एलिना, लक्ष्मीकान्त, ज्वाइँहरू सुवास र भरत तथा नातिनी समृद्धि।

र, यस किताबका सम्पादक सुदीप श्रेष्ठ।

राधा पौडेल

खलंगा, जुम्ला

खलंगा हमलामा मारिएका सबै ज्ञात/अज्ञात व्यक्ति

र, गरिबी, सामाजिक विभेद तथा अन्यायमा परेर पलपल

मरिरहेका सबै व्यक्ति, वर्ग र समुदायलाई

विषय सूची

सुरु

जुम्लामा झाडापखाला फैलिनु भनेको काठमाडौंमा रुघाखोकी लागेजस्तै हो ।

यसपालि अचम्मै भयो ।

फागुन लाग्न पाएको छैन, जुम्ला अस्पतालमा बिरामी बढ्न थाले । पहिले वैशाख/जेठतिर मात्र यस्तो हुन्थ्यो । नयाँ अन्न (गहुँ, जौ) खाएर ।

बेमौसमी झाडापखालाले जुम्लीहरूलाई चिन्तित बनायो । सायद पहिलोचोटि । जिल्ला प्रशासन कार्यालयमा समेत बैठक र छलफल चल्यो । त्यो पनि सायद पहिलैचोटि ।

तीन महिनाअघि २०५८ कात्तिक २८ गते जुम्ला सदरमुकाम खलंगामा माओवादीले भीषण आक्रमण गरेको थियो । त्यही भएर धेरैजसो कार्यालय प्रमुख नयाँ थिए । माओवादी बिगबिगी र ताजा आक्रमणले हुनसक्छ, सरकारी कर्मचारीहरू संवेदनशील र जनउत्तरदायी देखिन्थे । हरेक महिना ३ गते सबै कर्मचारी जिल्ला प्रशासन कार्यालयमा हाजिर हुनुपर्थ्यो । महिनाभरका काम र योजना बताउनुपर्थ्यो । केही भवितव्य परे प्रशासन कार्यालयले उर्दी जारी गर्थ्यो । र, तात्तातै निर्णय सुनाइहाल्थ्यो । टेलिफोन टावर ध्वस्त भएकाले खबर ल्याउन-लग्न चिठीको भर थियो । वा, मन बुझेकालाई हुलाकी बनाएर दौडाउनुपर्थ्यो ।

फागुन ३ को नियमित बैठकमा झाडापखालाले अरू एजेन्डा उछिन्यो ।

कारण खोतलिए । शंका/उपशंका जन्मिए । जन्माइए । एउटा कुरामा स्थानीय बासिन्दा, कर्मचारी र कार्यालय प्रमुखहरूको मत मिल्यो ।

कात्तिक २८ को आक्रमणमा मारिएकाहरूको शव तिला नदीमा फालिएको छ भन्ने सुनिन्थ्यो । घाम चर्कंदै गएकाले शव कुहिन थाले होलान् । गाउँलेहरू

यही नदीको पानी खान्छन् । वैशाख नलाग्दै गाउँभरि पखाला चल्नुको कारण पानी प्रदूषण नै हुनसक्छ ।

'त्यसो हो भने त समस्या गम्भीर भयो,' कुरा उठ्यो, 'अब के गर्ने त ?'

जिल्ला प्रशासनले तात्तातै निर्णय लिइहाल्यो- सबै कार्यालय प्रमुखको अगुवाइमा नदी निरीक्षण गर्न जाने र शव सफाइ गर्ने ।

फागुन २४ गते ।

यो दिन अन्तर्राष्ट्रिय महिला दिवस पर्छ । जिल्ला प्रशासनले शव सफाइको निम्ति यही दिन तोकेको थियो ।

जुम्लामा एकाध विकासे संस्थाबाहेक महिला दिवस मनाउने जिम्मा महिला विकास शाखाको मात्रै हो । त्यस दिन हामीले केही न केही कार्यक्रम गर्नैपर्छ ।

मैले बैठकमा कुरो उठाएँ ।

'सिडिओ साब, फागुन २४ गते त अन्तर्राष्ट्रिय महिला दिवस पर्छ ।'

'अनि के भो त ?' प्रमुख जिल्ला अधिकारी कृष्णश्याम बुढाथोकीले सोध्नुभयो ।

'हामी सबै महिला विकास कार्यालय जानुपर्छ,' मैले भनें, 'महिला विकास अधिकृत लामो समयदेखि छुट्टीमा हुनुहुन्छ । कार्यक्रममा नगई हुन्न । नदी निरीक्षणको काम अरू दिन तोक्न पाए हुने ।'

'त्यसो भए तपाईं नआउनुस् न त,' उहाँले भन्नुभयो, 'तपाईंलाई छुट छ ।'

मेरो मन चसक्क भयो, छुटको कुरा सुनेर ।

'मलाई जान मन छ सर । त्यो एक दिनमात्र हो नभ्याउने । अरू जुन दिन भए नि हुन्छ ।'

'हैन, हैन राधाजी,' उहाँले मान्दै मान्नुभएन, 'हामी त्यसै दिन गर्छौं। शनिबार पनि छ, फुर्सतले गर्न पाइन्छ।'

अरू कार्यालय प्रमुख र कर्मचारीले सही थापे।

म फेरि आफ्नो कुरा राख्न खोज्दै थिएँ। उहाँहरू सुने/नसुन्यै गरेर आफआफैं छलफल गर्न थाल्नुभयो।

बैठकभित्र सबैको बीचमा म एक्ली भएँ। भित्रभित्रै कुँडिरहेँ। तर, चुप्पै बसेँ।

शव सफाइबाट मलाई पन्छाउन खोज्नुको एउटा कारण 'जोखिमपूर्ण' ठानेर पनि हो। काम गाह्रो भएर जोखिमपूर्ण भनिएको चाहिँ होइन। शव भएको ठाउँमा भूतप्रेत आउँछ भन्ने पुरानो मान्यता छ। सहरबजारमा शिक्षित मान्छे पनि करकापले मात्र यस्तो काममा अघि सर्छन्। जुम्लाको त झन् कुरै भएन। सायद उहाँहरू पनि भूतप्रेत आइहाल्यो भने मुटु दह्रो पार्नसक्ने आँटिलाहरूलाई मात्र लैजान चाहनुहुन्थ्यो।

के पुरुषमात्र आँटिला हुन्छन् भनेर कुनै धर्मग्रन्थमा लेखेको छ र?

बैठकमै सामेल केही पुरुष साथीले खुट्टा कमाएको मलाई थाहा थियो। कायरमा गनिने डरले केही बोल्न पनि सक्नुभएन। मलाई भने जसरी पनि नगई भएको थिएन। आफूलाई पुरुषभन्दा आँटिलो देखाउने लालसाले पक्कै होइन। स्वास्थ्यकर्मी भएकीले जिल्लाकै स्वास्थ्यसँग जोडिएको यति महत्त्वपूर्ण काममा सामेल हुनु मेरो धर्म हो। त्यसमाथि नदीमा यत्रतत्र शव मिल्किएको घटनालाई गाउँलेहरू रहस्यमय कथाजस्तो सुनाइरहेका थिए। म त्यो कथा उधिन्न चाहन्थेँ।

तर, महिला दिवसका सारा तयारी अलपत्र छाडेर कसरी फुत्त हिँड्ने? मैले यसलाई आफ्नो नैतिक जिम्मेवारीका रूपमा लिएकी थिएँ।

मेरो मन भारी भएर आयो।

जाऊँ भने, आफ्नो अनुपस्थितिमा महिला दिवसको कार्यक्रमै फितलो भइदेला भन्ने डर थियो। भोलि बाटो हिँड्दा पुरुष साथीहरूले खिल्ली उडाए के गर्ने? नजाऊँ, जिल्लाकै त्यत्रो संकटमोचन घडीमा कसरी एक्लिएर बस्नु?

म दोधारमा परेँ।

सिमित्त महिला विकास शाखा अधिकृत उमा कार्कीसँग आफ्नो दुबिधा बाँडेँ। निमित्त प्रमुख पनि नहुँदा जसलाई जिम्मेवारी दिइन्छ, उसलाई सिमित्त भनिन्छ।

'तपाईं ढुक्क हुनुस्,' उहाँले आडभर दिँदै भन्नुभयो, 'यहाँ हामी छँदै छौं नि।'

मैले उहाँलाई कार्यक्रम कसरी चलाउने र के-के गर्ने लेखेर बुझाएँ। भनेँ, 'तपाईंहरू काम सुरु गर्दै गर्नुस्, म जतिसक्दो चाँडो फर्कन्छु।'

अनावश्यक 'छुट' लिनु नपरेकोमा मेरो मन हल्का भयो।

त्यस दिन बिहानै जिल्ला प्रशासन कार्यालयमा भेला भयौं। जिल्लाका सबै कार्यालय प्रमुख हुनुहुन्थ्यो।

एयरपोर्ट हुँदै दाउसाँघु पुगेपछि नदी वारि बस्ने र पारि जाने दुई समूह बनाइयो। दुवै समूहले नदी निरीक्षण गर्दै जाने र कहींकतै मान्छेको शव वा अन्य मरेका जनावर भेटिए गहिरो खाल्डो खनेर पुर्ने सहमति भएको थियो।

महिला दिवसको निम्ति छिटो फर्कनुपर्ने हुँदा म वारि नै बसेँ।

फागुन सकिन लागेको भए पनि तिला नदीको पानी चिसो थियो। सतह भने मज्जाले घटेछ। हामी नदी किनारका ठुल्ठूला ढुंगामा टेक्दै, फड्किँदै सजिलै हिँडिरहेका थियौं। त्यसै घुम्न गएका भए निश्चय पनि त्यहाँको दृश्यले लोभ्याउने थियो। हाम्रो काम भने यस्तो थियो, समूहका धेरै साथी हिँड्दै नहिँडी लल्याकलुलुक गलेका देखिन्थे। कोही डरले थर्कमान भएर सुस्तरी पाइला

चालिरहेका थिए। म आफू भने एकरत्ति डराएकी थिइनँ। बरु समूहमा सबभन्दा अगाडि हिँडिरहेकी थिएँ।

पुराना घटना सम्झेर भावुक पनि भएँ।

मेरा पाइला जति अघि बढ्थे, चार महिनाअघिका भयावह क्षण मेरो आँखाअगाडि टपक्क टाँस्सिन आइपुग्थे। यस्तो लागिरहेको थियो, म फेरि त्यही घडी बाँचिरहेकी छु। मेरो कानमा नदी सुसाइरहेको थिएन, भटटटट बन्दुक पड्किरहेको थियो। चराको चिरबिर सुनिन छाड्यो, म चारैतिरबाट मान्छेको आर्तनाद सुनिरहेकी थिएँ।

पाँच मिनेट नहिँड्दै थुप्रै खाल्डाखुल्डी देख्यौं। मान्छेले खनेका ठूल्ठूला खाल्डा। केही खाल्डो वरिपरि हातखुट्टाका लामालामा हाड देखिए। कति ठाउँमा काठदाउरा पनि हाडखोरजस्तै लागे हामीलाई। कति हाड सर्लक्क थिए भने कति मक्किएर कालो भइसकेका थिए। कुकुरले खोतलेर छरल्लिएका पनि थुप्रै देखिन्थे। हावाहुरी आउँदा मक्किएका रुखका हाँगा भुइँभरि छरल्लिएको चितवनको जंगलमा देखेकी थिएँ। यहाँ त्यस्तै थियो। माओवादी लडाकुले आफ्ना साथीको शव सैनिकले नभेटोस् भनेर नदी छेउछाउ गाडेका छन् भन्ने सुनेकी थिएँ। हो रहेछ। ती खाल्डा मेरै अगाडि थिए। म आफ्नै हातले ती खाल्डा खोतल्दै थिएँ। माटो पन्छाउँदै थिएँ।

'ए हेर्नुस् त हेर्नुस्, यहाँ त सग्लै लास रहेछ,' एकजना साथी चिच्याउनुभयो।

हामी गुर्र नजिक गयौं। केही साथी 'घिन लाग्छ' भन्दै परै बसे। मेरो हातमा सानो लौरो थियो। त्यही लौरोले चलाएँ। केटा मान्छेको शव रहेछ। २५ वर्षभन्दा कमै उमेरको होला। निलो ट्र्याकसुट लगाएको। खुट्टामा कपडाको खैरो जुत्ता जस्ताको तस्तै। रक्तअल्पताको बिरामीजस्तो ज्यान फुस्रो भइसकेछ। आँखा चिम्लिएको थियो। पातलो छाला हाडमै टाँस्सिएको। छाती र टाउकोमा सानो-सानो प्वाल देखेँ। गोली लागेको होला। त्रिशुली नदीमा बस खसेर मान्छे मर्दा माछाले हातका औंला खाएका थिए भन्ने सुनेकी थिएँ। यहाँ त त्यस्तो पनि देखिनँ। खालि सास फेरेको थिएन, नभए भर्खरै उठेर

हिँड्लाजस्तो ।

खल्लो मन लिएर दुईचार पाइला बढेकीमात्र थिएँ, त्योभन्दा भयानक दृश्य देखियो । मानवशरीरका टुक्राटाक्री भुइँभरि छरिएका । उचाइबाट खसेको माटोको पुतली भुइँमा बजारिएपछि जसरी छरपस्ट हुन्छ, ठ्याक्कै त्यस्तै । कुन अंग शरीरको कुन भागबाट उछिट्टिएको हो खुट्ट्याउनै नसकिने ।

अरूले किलकिल मानेर हेर्नै सकिरहेका थिएनन् । सुर्ती थुकेजस्तो पिच्चपिच्च थुकिरहेका थिए । मलाई भने त्यस्तो केही लागेन । अपरेसन कक्षमा 'एनेस्थेटिक असिस्टेन्ट' भएर काम गर्दा योभन्दा डरलाग्दो र घिनलाग्दो क्षणसँग गुज्रिसकेकी छु । लामोलामो अपरेसन हुँदा भित्रै चिया पिउँदै काम गर्ने मेरो बानी थियो । साथीहरू छक्क पर्थे । सायद त्यही बानीले मलाई ती क्षतविक्षत शव देखेर घिन होइन, दया लागिरहेको थियो । म संवेदनशील हुँदै गइरहेकी थिएँ । करुणा भित्रैबाट छचल्किरहेजस्तो ।

नदी निरीक्षण गर्दै कृषि विकास कार्यालयसम्म आइपुग्दा साढे १२ बजिसकेछ । सँगै गएका केही सहयोगी साथी गहिरो खाल्डो खनेर भेटिएका शव र मानवअंग तह लाउँदै हुनुहुन्थ्यो । मलाई भने महिला दिवसको कार्यक्रममा जान बितिसकेको थियो । शव सफाइको काम बीचैमा छाडेर म जिल्ला विकास परिसरतिर लागेँ ।

बेलुकी साथीहरूले सुनाएअनुसार चारवटा सलक्क परेका सग्ला शव भेटिएछन् ।

कसको छोरा हो? कसको लोग्ने हो? कसको बाबु हो? केही थाहा छैन । चार महिनादेखि तिला नदीमा त्यत्तिकै लडिरह्यो । हान्नेले त ड्यांग गोली हान्दियो, कर्तव्य गरेँ भन्ठान्यो, सक्किहाल्यो । सँगै आएकाले पनि बचाउने प्रयासधरि गरेन । ज्यान कति सस्तो भएको? प्राण अड्किएको छ कि छैन पनि हेरेन होला कसैले । बारुदले सल्किएको साथीलाई च्याप्प समात्यो, नदीमा मिल्कायो, बाटो लाग्यो । तुरुन्तै सास गएको भए त ठिकै थियो । नभए यो अन्कन्टारमा कति दिन, कति रात तड्पियो होला? सुकेको स्वर बल्लतल्ल

तानेर कसरी मान्छे गुहार्‍यो होला ? कसैले आवाज नसुन्दा कति आत्तियो होला ? परिवार सम्झेर कति रात आँसु बगायो होला ?

तिला नदीमा मिसिएर पानी भएको उनीहरूको आँसु हामीले चार महिनासम्म देख्दै देखेनछौं ।

त्यस्ता कति आँसु अझै देखेकै छैनौं ।

□□

एक

बा, हामी कति गरिब ?

हामी गरिब छौं भन्ने त मलाई सानैमा थाहा थियो । कति गरिब, त्यसको भेउ थिएन ।

म अक्सर बालाई सोध्ने गर्थें, 'बा, हामी गरिब छौं है ?'

उहाँ मलाई सम्झाउनुहुन्थ्यो, 'हामीभन्दा गरिब त जुम्लामा बस्छन् ।'

आम्मामामा ! हामीभन्दा गरिब !

म छक्क पर्थें ।

'बा, तिनीहरूसँग लाउनेखाने पनि छैन ?'

'पुग्दो छैन ।'

म झन् चकित खान्थें ।

'पढ्न नि पाउँदैनन् ?'

'धेरैले पाउँदैनन् ।'

'अनि हामीजस्तै अँध्यारैमा बस्नुपर्छ हो ?'

बा एकछिन चुप्प लाग्नुहुन्थ्यो । म उहाँलाई हेरेर टोलाइरहन्थें, जवाफको प्रतीक्षा गर्दै ।

'हामीभन्दा नि अँध्यारोमा बस्छन्,' बा भन्नुहुन्थ्यो, 'तिमीले धेरै पढेर जुम्लाका गरिबहरूको सेवा गर्नुपर्छ है ।'

म फुरुंग पर्थें ।

सबै छोराछोरीलाई आफ्ना बा संसारकै जान्नेसुन्ने मान्छे हुन् भन्ने लाग्छ।

मलाई पनि त्यस्तै लाग्थ्यो।

उहाँको कुरा गर्ने शैली नै लोभलाग्दो थियो। नानावली कथा हालेर भुलाइरहने। अन्तिममा सन्दर्भ मिलाएर ट्वाक्क आफ्नो कुरा भन्ने। एकचोटि मैले नयाँ जुत्ता किनिदिन ढिपी गरेँ। बासँग पैसा रहेनछ। उहाँले साइकलमा हालेर कथा सुनाउँदै-सुनाउँदै बजार पुऱ्याउनुभयो। र, जुत्तै नकिनी फिर्ता ल्याउनुभयो। म उहाँको कुरामा यति मग्न भएछु, जुत्ता त भुसुक्कै बिर्सिहालेँ। मलाई लाग्थ्यो, त्यति मिठो कुरा त स्कुलका सरहरू पनि गर्दैनन्। कहिलेकाहीँ काम बिगार्दा पनि हप्काउने होइन। कथा हाल्ने र पछुतो लाग्नेगरी सम्झाउने।

यस्तो बा त मैले अरू कसैको देखेकी छैन।

उहाँले बाहिरका मान्छेसँग बोलेको पनि सुनेकी छु। उहाँको लवज त्यस्तै हुन्थ्यो। एकदमै बुज्रुकी। म सोच्थेँ, स्कुलको सरै हुनुहुन्छ कि क्या हो!

फेरि टोलाउँथेँ।

मेरो स्कुलमा त कहिल्यै पढाउन आउनुभएन! अरू स्कुलमा गएको पनि देखेकी छैन! गाउँका विद्यार्थी कसैले 'देवीप्रसाद सर' भनेर बोलाएको सुनेकी छैन! सर त हैन होला, नभए हातमा चकको सेतो दाग लागेको हुनुपर्ने नि! खै मैले त देखिनँ! लुगाबाट कहिल्यै चकको धुलो टक्टक्याउने होइन। विद्यार्थीहरूको होमवर्क जाँच्न कापीको मुठो बोकेर घर फर्केको कहिल्यै चाल पाइनँ!

सर त हैन क्यारे!

त्यसो भए पक्कै सरकारी अफिसमा अधिकृत वा सुब्बा हुनुहुन्छ होला! खरदार घटी त हुँदै होइन!

मैले थाहा पाउँदा बा दूध बेच्नुहुन्थ्यो। बिहानै दुहेर बजार लग्नुहुन्थ्यो। बेलुकी दूधकै भाँडामा चामल किनेर ल्याउनुहुन्थ्यो। म उहाँको हरहिसाब राख्दिन्थेँ। उहाँ आफैं जतिसुकै ठूलो हिसाब मुखाग्र गर्न सक्नुहुन्थ्यो। मैले

बिगारेँ भने समातिहाल्नुहुन्थ्यो । तैपनि उहाँको काम दूध बेच्नेमात्र हो भन्ने मलाई कहिल्यै लागेन ।

ठ्याक्कै थाहा नभए पनि मैले बालाई उच्च ओहोदामै राखेकी थिएँ ।

बा खानाको सोखिन हुनुहुन्थ्यो । खान पनि, पकाउन पनि । उहाँको मुखमा मात्र होइन, हातमा पनि जादु थियो । म सधैं महिनाका ती चार दिन कुरेर बस्थैँ, जब आमा पन्छिनुहुन्थ्यो । त्यतिबेला भान्छाको सारा जिम्मा बाकै हुन्थ्यो । उहाँ खुब चाख दिएर पकाउनुहुन्थ्यो । म थाल चाटीचाटी खान्थैँ । अनि आमालाई खिसी गर्थें, 'तपाईं त सधैं पन्छिनुस् आमा, भात त बाले पकाकै मिठो ।'

आमा आँखा तर्नुहुन्थ्यो ।

आमा बिरामी पर्दा भने आपत् पर्थ्यो । मनले भन्थ्यो, आमालाई छिटो सन्चो भइदियोस् । बिचरी आमा ! पेटले चाहिँ मनको कुरा टेर्ने होइन । आमाको रोग लम्बिए, बाको हातको मिठो खाना धेरै खान पाइन्छ भनेर लोभिन्थ्यो । म चेपुवामा पर्थें ।

पछि थाहा पाएँ, मेरा बा त भान्छे हुनुहुँदो रहेछ ।

एकदिन कसले पकाएको मिठो भनेर घरमा बहस चल्दा आमाकै मुखबाट सुनेकी ।

मलाई त्यस दिन निकै खुसी लाग्यो । साँच्चै ।

सर, सुब्बा, खरदार त जसका बा पनि छन् । कसैका बा भान्छे हुन्छन्? मेरा कुनै साथीका बा भान्छे छैनन् । आमा पन्छिँदा भान्छाका सारा काम उनीहरू आफैं गर्छन् । मैले गर्नुपर्दैन ।

यस्तो बा त मैले कसैको देखेकी छैन ।

बा भान्छे हुनुको पनि लामो कथा रहेछ ।

हाम्रो पुर्ख्यौली घर लमजुङको साइँलीटार हो । आमाको माइती पनि त्यहीँ हो । मेरा बालाई आफ्ना आमाबाको सम्झनासम्म छैन । बा सानै छँदा उहाँहरू

बित्नुभएछ। दुई वर्षजति फुपूले माइती आएर बाको स्याहार गर्नुभयो। डेढ वर्ष घर-माइती गर्नुभयो। त्यसपछि बा केही वर्ष मामाघर बस्नुभयो, गोरखामा। मामाघरमा साह्रै दुःख पाउनुभएछ। पेटभरि खान नपाउने। उल्टै माइजूहरूसँग घैया गोड्न, मेला भर्न गइरहनुपर्ने। माइजूहरूले त झन् बाले जत्ति पनि खान पाउनुहुन्थेन रे। बाले मकै, भटमास, चामल चोरेर लग्ने, अनि माइजूहरूसँग बेसीमा गएर पकाएर खाने गर्नुहुन्थ्यो रे।

एकदिन घर र दुनियाँबाट दिक्दार लाग्यो रे। किन लाग्यो, भन्नुभएन। जतिबेला यो कथा सुनेँ, दुनियाँबाट दिक्दार लाग्नुको अर्थ नै मैले बुझिनँ। त्यसैले, निधिखोजी गरिनँ। जे होस्, उहाँ मामाघरबाट भागेर झापा पुग्नुभएछ। अहिले बुझ्दा, त्यसबेला खान पाइएन, काम पनि धेरै गर्नुपर्‍यो भनेर भागेको हुनुपर्छ। सुरुमा अञ्चलाधीश कार्यालयमा सहयोगीको काम थाल्नुभयो रे। पहिल्यैदेखि खाने र पकाउने सोख। त्यहीं रहँदाबस्दा भान्छे हुनुभएछ।

पछि उहाँले चितवनको भरतपुर-८, गौरीगञ्जमा बसाइ सुरु गर्नुभयो। खेती-किसानीमा लाग्नुभयो। दूध बेच्न थाल्नुभयो।

र, त्यहीं २०३० सालमा मेरो जन्म भयो।

मेरो बाआमा दुवैलाई आवाज निकालेर पढेमात्र पढेजस्तो लाग्थ्यो।

म त्यसैले स्वास्थानी कथा पढेजस्तो ठुल्ठूलो स्वर निकालेर पाठ घोक्थेँ। बा नजिकै सानो खाटमा पल्टिएर मुसुमुसु हाँस्दै सुनिरहनुहुन्थ्यो। आमा भुइँमा टुक्रुक्क बसेर मैले घोकेको हेरिरहनुहुन्थ्यो।

हामी पाँच दिदीबहिनी छौं। म काइँली। एकजना भाइ छ। सबै सँगै पढ्थ्यौं। पढाइको राम्रो माहोल भएकाले बेलुकी खानापछि गाउँका दाजुदिदीहरू हाम्रै घरमा पढ्न आउँथे। धेरैजना एकैचोटि थुप्रिँदा हामीकहाँ बस्नलाई नै समस्या हुन्थ्यो। कुर्सीटेबुल थिएन। छुट्टाछुट्टै कोठा पनि थिएन। पुरानो

भत्काएर भर्खरै बनाएको दुईतले घरमा हामी बस्थ्यौं । तल खडाइले बारेको थियो । माथि काठले बारेर खरले छाएको ।

घरमा बिजुलीबत्ती थिएन । आमाको औषधि सकिएपछि रित्तो सिसी जम्मा पार्थ्यौं । उहाँकै लुगीको छेउ च्यातेर दार बनाउँथ्यौं । त्यसलाई सिसीभित्र छिराएर मट्टीतेल भर्थ्यौं । अनि टुकी बाल्थ्यौं । त्यही टुकी वरिपरि किरा झुम्मिएझैं झुम्मिएर हामी पढाइ गर्थ्यौं ।

पाठ घोक्दा मेरो जिउ पिङ मच्चिएजस्तो एकोहोरो हल्लिरहन्थ्यो । आमा भन्नुहुन्थ्यो, 'यल्लाई त पिङै चाहिँदैन । किताब अगाडि राख्दे आफैं मच्चिन थाल्छे ।'

बा खित्का छाड्नुहुन्थ्यो । म लाजले भुतुक्क हुन्थैं । एकछिन सम्हालिन्थैं । फेरि जिउले मुखसँग ताल मिलाइहाल्थ्यो ।

म पढाइ सकेपछि बा पल्टिरहेको त्यही सानो खाटमा घुस्रिन जान्थैं । आमा कोठाको पश्चिमतिर भुइँमा सुत्नुहुन्थ्यो । भाइ र बहिनी आमासँगै सुत्थे । दिदीहरू अर्कोपट्टि भुइँमा पल्टन्थे । म एउटा हात बाको शिरमुन्तिर घुसार्थें । अर्को हातले उहाँको लुलो कानको लोती खेलाउन थाल्थैं ।

दस/पन्ध्र मिनेट बासँग कुरा नगरी मलाई निद्रा पर्दैनथ्यो ।

'बा, मेरो त कापीकलम पनि राम्रो छैन ।'

'के भो त?' बा आँखा चिम्लेर मेरो कपाल खेलाउँदै भन्नुहुन्थ्यो ।

'अँ के भो रे, मलाई साथीहरूले गिज्याउँदैनन्?' म उहाँको कानको लोती चिमोटिदिन्थैं ।

उहाँ 'आत्था' भन्दै मेरो कपाल सुस्तरी तान्नुहुन्थ्यो ।

म खितितिति हाँस्थैं ।

फेरि सोध्थैं, 'बा, हामी कहिले धनी हुने?'

बा उही जुम्लाकै कुरा झिक्नुहुन्थ्यो ।

'हामी धनी नै छौं छोरी, जुम्लाका मान्छेभन्दा धेरै धनी छौं ।'

'कस्ता छन् जुम्लाका मान्छे?' म उत्सुक हुन्थेँ ।

बा मिठो भाकामा त्यहाँको दरिद्रता झल्किने संस्मरण सुनाउनुहुन्थ्यो ।

'म अफिसको हाकिमसँग जुम्ला जाँदा सात महिना बसेको थिएँ, २०१७ सालमा ...'

'त्यो भनेको कहिले हो बा?' म प्वाक्क सोधिहाल्थेँ ।

'कहिले हो, कहिले । तिमी त जन्मेकै थिइनौ ।'

'आमा पनि जन्मनुभएको थिएन?'

'आमा पनि जन्मेकी थिइन, यो घरमा ।'

म ट्वाल्ल पर्थें ।

'मैले बिहे गरेको थिइनँ भनेको नि लाटी,' उहाँ हाँस्दै भन्नुहुन्थ्यो ।

स्वर ठूलो पारेकाले रिस उठेर म कानको लोती चिमोटिदिन्थेँ ।

उहाँ फेरि मेरो कपाल तान्दै भन्नुहुन्थ्यो, 'कुरो सुन्ने कि नसुन्ने?'

'ल ल सुन्ने,' म चुप्प लाग्थेँ ।

जुम्लामा सात महिना बस्दा बाले थुप्रै मानिस भेट्नुभएछ । कुरा गर्नुभएछ । सबै दुःखी थिए । खानलाउनधरि नपुग्ने । बच्चालाई पढाउने त कहाँ हो कहाँ ! उहाँले त्यहाँका महिलालाई सबभन्दा दुःखी देख्नुभएछ । ज्यादै मैला कपडा लगाएका । हात पनि फोहोरले पट्पटी फुटेका । बाले एकदिन ती महिलालाई नदीमा भेट्दा रिठ्ठा दिनुभएछ, हात धुन । सुरुमा त उनीहरूले मानेनछन् । बाले कर गरेपछि धुन थालेछन् । वर्षौंवर्षदेखि नधोएको हात एकैतालमा कहाँ सफा हुन्थ्यो ! बरु रिठ्ठाले घोट्दा छालाबाट रगतै आउन थाल्यो रे !

'हातै धुन नसक्ने गरिब?'

हरेक रात बालाई दुवै हातले बेर्दै छातीमा भुसुक्क निदाउनुअघि दारुण जुम्लाको दारुण वर्णन सुनेर मेरो बालमन द्रवित हुन्थ्यो ।

'आम्मामामा ! कस्तो होला जुम्ला ?'

जुम्लाका कुरा त बाको मुखबाट सुनेकै थिएँ, पोखरामा तीनवर्षे स्टाफ नर्सको पढाइ थालेपछि बाग्लुङ, पर्वत लगायत अन्य दुर्गम पहाडका वेदना पनि छर्लंग हुँदै गए ।

नर्सिङ पढाइ सकेपछि २०५१ सालमा म पहिलोचोटि काठमाडौं आएँ । जागिर खोज्न । तीन महिनाजति बसेर विभिन्न ठाउँमा आवेदन दिएँ । भरतपुर अस्पतालमा अस्थायी नर्सको निम्ति मेरो छनोट भयो । जागिर सुरु गरेको केही समयमै स्थायी भइहालें ।

२०५२ सालमा फेरि काठमाडौं आएँ । विश्व स्वास्थ्य संगठन (डब्लुएचओ) को तीनमहिने नर्सिङ तालिममा । मेरो आत्मविश्वासको आगोलाई सबभन्दा बढी हावा दिएको यही तालिमले हो । त्यस कार्यक्रममा जम्मा पाँचजना छानिएका थिए । म एक थिएँ । कुनै बेला कम्प्युटर खोल्न नजानेर वाल्ल परेकी थिएँ म । आज जे छु, जस्तो छु, त्यसमा धेरै हात त्यही तालिमको छ । त्यसले मेरो व्यक्तित्वमात्र बढाएन, मभित्र दबेको आत्मविश्वास र खुबी भर्भराउँदै बाहिर ल्यायो ।

सबै भन्छन्, काठमाडौंमा बसेर देश चिनिन्न । मेरो बुझाइमा स्वास्थ्यकर्मीले देश चिन्ने प्रयोगशाला भनेकै काठमाडौं हो । यो यस्तो खाल्डो हो, जहाँ बसेर डाँडाकाँडा, कुनाकन्दराका बिरामी भेट्न पाइन्छ । थरिथरिका रोग उपचारको अभ्यासमा सरिक भइन्छ । जाजरकोटबाट ल्याइएका झाडापखालाका बिरामीदेखि सर्लाहीबाट आएका इन्सेफलाइटिसका बिरामीसँग भेट हुन्छ । क्यान्सरदेखि एड्स लागेकासम्म । दुर्घटनामा हाड भाँच्चिएका घाइतेदेखि आङ खसेका महिलासम्म । उनीहरूकै मुखबाट देशभरिका स्वास्थ्य सेवाको बेहाल थाहा हुन्छ । पर्याप्त स्रोतसाधन नभएका दुर्गम जिल्लामा गएर एक्लै काम गर्नुछ भने काठमाडौंको अनुभवले तिखार्छ भन्ने मलाई लाग्छ ।

म पनि दिनदिनै आफूलाई तिखार्दै थिएँ ।

मान्छेले परिपक्व हुन कि दुःख भोग्नुपर्छ, कि देख्नुपर्छ । मैले दुवै अवसर पाएँ । दुःखमा जन्मिएँ । दुःखमै हुर्किएँ । भरतपुर अस्पतालमा चार वर्ष काम गर्दा बिरामीसँगको संसर्गले दुःखको अर्को पाटो पनि खुलस्त भयो । हाम्रो शरीरलाई ईश्वरको अमूल्य वरदान भनिन्छ । जब बिरामीको चित्कार सुनेँ, मलाई यही शरीर दुःखको घर हो भन्ने लाग्यो । नर्सको काम कस्तो हुँदो रहेछ भने, उनीहरूको दुःखलाई एकदमै नजिकबाट हेर्नुपर्ने । महसुस गर्नुपर्ने । मल्हम लगाउनुपर्ने । डाक्टरहरूले भन्दा कता हो कता बढी ।

भरतपुर अस्पतालमा मैले कति बिरामी उपचार गरेँ, त्यसको गन्ती नै छैन । त्यसमध्ये तीनवटा यस्ता 'केस' सामना गर्नुपऱ्यो, जसले मेरो अन्तरआत्मालाई भित्रैदेखि हल्लाइदियो ।

पहिलो केस थियो, सात वर्षे बच्चीको ।

आफ्नै काकाको १८ वर्षे छोराले बलात्कार गरेको थियो उनीमाथि । ती बच्चीलाई सम्झँदा अहिले पनि मेरा आँखा रसाउँछन् । पाठेघर र पिसाबथैली छियाछिया भएका थिए । जिउभरि घावै घाउ । अपरेसन गर्दा बेहोस गराउने डाक्टर नभएर म आफैंले गराएकी थिएँ । स्त्रीरोगसम्बन्धी डाक्टर नभएकाले जनरल सर्जनले अपरेसन गर्नुपरेको थियो ।

त्यति सानी बच्ची बलात्कारको सिकार भएको घटनाले मलाई निकै भावुक बनायो । भरतपुर छेउछाउको सुगम ठाउँमा त यस्तो दुर्दशा छ भने गाउँमा कति बालिका घरेलु हिंसाको सिकार भइरहेका होलान्? कतिले घरेलु हिंसापछि अस्पतालको मुखै देख्न नपाई ज्यान गुमाइरहेका होलान्? यस्ता प्रश्न सुई रोपिएजस्तो मेरो मुटुमा गडे ।

ती बालिका करिब दुई महिना अस्पताल बसेर निको भएर गइन् । म दिनहुँ उनलाई भेटेरमात्र आफ्नो काममा लाग्थेँ ।

अर्को केस आयो, ६० वर्षे महिलाको ।

पर्वतकी ती महिला बसाइ सरेर चितवन आएकी थिइन् । मेरी आमामार्फत् अस्पताल आइपुगेकी ती महिलाको केस सुनेरै छक्क परेँ म । उनको आङ (पाठेघर) खसेको १८ वर्ष पुगिसकेको रहेछ । लाजसरमले कसैलाई भनिनन्

होली। ठूलो टर्चलाइटको ब्याट्री छोप्ने ढक्कनीलाई प्लास्टिकले बेरेर गोलो बनाइछन् र त्यसैमा पाठेघर अड्काएर भित्र छिराइछन्।

आम्मामामा ... ! कसैले आफ्नो शरीरसँग यतिसम्म खेलवाड गर्नसक्छ भन्ने मैले कल्पनै गरेको थिइनँ।

कस्तो भने, वर्षौंदेखि प्लास्टिक भित्र छिराएर राखिएकाले मासुसँग पूरै टाँस्सिसकेको रहेछ। छुट्ट्याउनै गाह्रो। निकै लामो अपरेसन गर्नुपर्‍यो उनको। अपरेसन लामो हुनेबित्तिकै बिरामीलाई बेहोस बनाउनुपर्ने 'एनेस्थेसिया'को काम सकसपूर्ण हुन्छ। हावा निस्कन्छ हामी बेहोस गराउनेको। यस्ता घटनामा अपरेसनपछि बिरामीले सास नफेर्लान् भनेर मलाई आफ्नै सास जालाजस्तो हुन्छ।

फेरि त्यतिबेला भरतपुर अस्पतालको अपरेसन कक्ष अहिलेजस्तो कहाँ थियो र? अक्सिजनको मात्रा नाप्ने मेसिनधरि थिएन। हातले छामेर, आँखाले हेरेर अक्सिजन पुगे/नपुगेको खुट्ट्याउनुपर्थ्यो। म घरिघरि कपडाभित्र हात घुसारेर बिरामीले सास फेरेको छ कि छैन जाँच्थें। रगतको रङ हेरिरहनुपर्थ्यो। लालीगुराँस फूलजस्तो रातो छ भने अक्सिजन पुगेको छ। गाढा रातो छ भने अक्सिजनको मात्रा बढाउनुपर्‍यो। हातखुट्टाको नङ थिचेर पनि थाहा हुन्थ्यो। नङ थिचेर छोड्दा रातो भयो भने ठिक छ। होइन, सेतो भयो भने मुटु र फोक्सोले राम्ररी काम गरेको छैन भन्ने बुझ्नुपर्‍यो।

एनेस्थेसियामा बस्दा बिनाउपकरण बिरामीको अवस्था मापन गर्ने विधि मैले उही डब्लुएचओको तालिममै सिकेकी हुँ।

धन्न ती बूढी आमैको अपरेसन सफल भयो। उनी बाँचिन्।

मेरो मुटु भने भतभती पोल्न थाल्यो। यस्ता कति महिला होलान्, जो वर्षौंदेखि रोग पालेर आफ्नो पीडा लुकाइरहेका छन्? प्रजनन्सँग जोडिएका यस्ता समस्या हत्तपत्त भनिहाल्न महिलाहरू लजाउँछन्। त्यही लाजसरमले कति दिदीबहिनीलाई मृत्युको मुखमा पुर्‍याइरहेको होला? सहरमा स्वास्थ्यका ठूल्ठूला कुरा गरेर के गाउँगाउँमा लुकेका यस्ता रोग निदान हुन्छन्? त्यसका लागि हामी स्वास्थ्यकर्मीले सहरको माया मारेर गाउँभित्रै छिर्नुपर्छ कि पर्दैन?

यी प्रश्नले पनि मेरो मुटु छियाछिया पारे ।

तेस्रो केस थियो, मनाङबाट आएकी २७ वर्षे महिलाको ।

सुत्केरी व्यथा लाग्ने बेला अत्यधिक रगत बगेको थियो । बच्चा टाउकोतिरबाट निस्कनुपर्नेमा हात निस्केको थियो । पहिला हात निस्केपछि पूरै ज्यान बाहिर आउन सम्भवै भएन । अनि त... !

महिला बेहोस थिइन् । बच्चाको बाहिर निस्केको हात सुन्निएर नीलो भइसकेको थियो । छाला काट्दा पनि एक थोपा रगत नआउलाजस्तो । हामीले त आमा र बच्चा दुवैको माया मारिसकेका थियौं । कस्तो हालत थियो भने, अपरेसन गरे पनि बाँच्ने होइन, नगरे त झन् बाँच्ने नै भएन ।

हामीले एकचोटि प्रयास गर्ने निधो गर्‍यौं ।

अपरेसन भयो । बच्चा बाहिर निकाल्यौं । मरिसकेको रहेछ । महिला बेहोसै थिइन् । जिउमा रगतको मात्रा अतिकम थियो । दुई ग्राममात्र । सामान्यतया अपरेसन गर्न नौ ग्राम रगत हुनुपर्छ । रगत नपुगेर आमाको घाउ भरिँदै भरिएन । पेट ह्वांगै थियो । भित्र आन्द्रा र पाठेघरसम्म देखिने । दुई साताको बीचमा आठ पोकाभन्दा बढ्ता रगत दिएपछि बिस्तारै घाउ भरिन थाल्यो ।

ती महिला बाँचिन् ।

आम्मामामा... ! महिलाहरूको यस्तो दुर्दशा ।

उनी अलि हुनेखाने घरकी रहिछन् । अस्पताल गए बाँचिन्छ भन्ने थाहा पाएर मनाङदेखि आइपुगिन् । गाउँमा यसैगरी बच्चा जन्माउन नसकेर कति आमा त्यसै मरिरहेका होलान्? राम्ररी सुत्केरी नगराउँदा कति बच्चाले आँखै खोल्न पाएनन् होला ?

सहरमा त धेरै स्वास्थ्यकर्मी छन् । गाउँ जान चाहने कोही हुँदैनन् । धेरैलाई डाक्टर वा नर्सिङ पढ्दा लागेको खर्च उठाउनकै ध्याउन्ना छ । व्यापार बनेको छ स्वास्थ्य सेवा । पढाइमा यति लगानी भयो, यति वर्षभित्र कमाउनैपर्छ । यस्तो सोच रहुन्जेल को जाने गाउँ ? के स्वास्थ्य सेवा भनेको सहरको निम्तिमात्र

हो? गाउँलेले बिजुलीबत्ती नपाउने, बाटोघाटो नपाउने, स्कुल-कलेज नपाउने र हुँदाहुँदा उपचार पनि नपाउने? सिटामोलसम्म खान नपाई मर्नुपर्ने?

प्रश्नै प्रश्नले जेलिएर म उकुसमुकुस भइरहेकी थिएँ।

बिरामीसँग निकटता र दु:खपीडाको प्रत्यक्ष अनुभूतिले मलाई नर्सका रूपमा परिपक्व बनाउँदै लग्यो। र, मान्छेका रूपमा पनि।

मैले बालाई सोध्न छाडिसकेकी थिएँ, 'बा हामी गरिब छौं है?'

किनकि, मैले बुझिसकेकी थिएँ, हामीभन्दा गरिब त कति छन् कति। हामीभन्दा दु:खी त कति छन् कति।

जीवन र जगत्लाई हेर्ने दायरा फराकिलो हुँदै थियो। त्यतिबेलै मैले ठहर गरेँ, म समुदायमै गएर काम गर्छु। रोगको उपचारमात्र स्वास्थ्य सेवा होइन। रोगसँग जोडिएका अन्धविश्वास तोड्नु र रोगको जरा उखेल्नु पनि हामी स्वास्थ्यकर्मीकै दायित्व हो। सहरलाई म नभए पनि केही फरक पर्दैन। गाउँलाई नभई हुन्न। म पढाइ सकेर जुम्ला नै जान्छु। बाले भन्नुभएको जुम्ला।

बाले मेरो मनमस्तिष्कमा जुम्लाको जरा रोपिदिनुभएको थियो, भरतपुर अस्पतालको बसाइमा त्यो जरा घना वृक्षमा बदलियो।

मैले शिक्षण अस्पताल महाराजगन्जमा दुईवर्षे नर्सिङ स्नातक पढ्न सुरु गरेँ। दसजनामा चौथो नम्बरमा नाम निकालेकी थिएँ। मेरो विषय थियो, सामुदायिक स्वास्थ्य सेवा।

यो विषय छनोट जुम्ला जाने तयारीकै प्रारम्भ थियो।

नर्सिङ स्नातक पढ्ने क्रममा कर्णालीको दुर्गति र विकराल स्वास्थ्य स्थितिबारे मलाई अझ राम्रो ज्ञान भयो। जुम्लाको कर्णाली प्राविधिक केन्द्रबाट आएका केही साथीले त्यहाँको थप बेहाल बताए, जुन बाले सुनाउनुभएको थिएन। खासगरी बिरामी हुँदा भोग्नुपर्ने दु:ख सुनेर मेरो निधारबाट चिट्चिट् पसिना छुट्यो। एकजना सिनियर दिदी हुनुहुन्थ्यो। जुम्ला प्राविधिक केन्द्रमा पढाउनुभएको। उहाँ मेरै समूहमा पर्नुभयो। उहाँसँग कुरा गर्दा मलाई जुम्ला पुगेजस्तै लाग्थ्यो।

यसबीच मैले स्वास्थ्य शिक्षामा स्नातकोत्तर पनि पूरा गरें। त्यही बेला यस्तो अवसर आयो, जसले मेरो जिन्दगीलाई नै नयाँ बाटोतिर मोडिदियो।

मैले बेलायत अन्तर्राष्ट्रिय विकास विभाग (डिएफआइडी) को सुरक्षित मातृत्व कार्यक्रममा जागिर खान आवेदन दिएकी थिएँ। अन्तर्वार्तामा डाकियो। गएँ। संजोग नै भन्नुपर्छ, उनीहरूले सोधे, 'जुम्ला र नवलपरासीमा कार्यक्रम सुरु हुँदैछ, तपाईं कहाँ जान चाहनुहुन्छ?'

सबैलाई थाहा छ, निदाएपछि सपना देखिन्छ। मेरो अनुभवमा जसले सपना देख्छ, ऊ निदाउन सक्दैन। मैले सानैदेखि जुम्लाको सपना देखेकी थिएँ। बाले देखाइदिनुभएको थियो त्यो सपना। 'मेरी छोरी पढेर ठूलो मान्छे भएपछि जुम्लाका गरिबहरूको सेवा गर्न जान्छे,' बाको यो भनाइले मलाई सधैं पछ्याइरह्यो। कसरी पुग्ने होला? कहाँबाट अवसर आउला?

वर्षौंपछि त्यही सपना मलाई आफूतिर डोऱ्याउन आएको थियो।

मैले बाको अनुहार सम्झें। उहाँले सुनाउनुभएका कथा सम्झें। ती महिलालाई सम्झें, जसले जिन्दगीभरि हातगोडा धोएनन्।

मलाई अन्धकारमा एकाएक बिजुली चम्केजस्तै भयो। हत्तपत्त जवाफ दिइहालें, 'म त जुम्ला नै रोज्छु।'

मैले जुम्ला जाने कागजमा हस्ताक्षर गरें।

मलाई कहिले यो खबर बालाई सुनाऊँ भइरहेको थियो। म उहाँले भनेझैं जुम्लाका गरिबको सेवा गर्न जान लागेकी थिएँ। बा त खबर सुन्नासाथ खुसीले नाच्नुहोला भन्ने लाग्यो।

एकाएक मेरो दिमागमा नयाँ कुरा खेल्न थाल्यो। के बा साँच्चिकै मलाई जुम्ला पठाउन तयार हुनुहोला? त्यतिबेला पो शान्ति थियो, सुरक्षा थियो। अहिले त जुम्ला भनेको माओवादी द्वन्द्वले थिलथिलो भएको ठाउँ। दिनरात हत्याहिंसाका खबर आइरहन्छन्। आदर्श एउटा ठाउँमा होला, तर बाबुको मन न हो, आफ्नी छोरीलाई द्वन्द्वको समयमा एक्लै त्यति टाढा पठाउन कसरी तयार हुनुहोला र? त्यसमाथि भरतपुर अस्पतालको स्थायी जागिर छाडेर।

मैले बालाई राम्ररी चिनेकी थिएँ। पहिले जेसुकै भने पनि उहाँ कुनै हालतमा मान्नुहुन्न भन्ने ठहर गरेँ। उहाँलाई एक बचन भन्दै नभनी घर छाड्न पनि मन मानेन।

मैले लामो भूमिका बाँधेर कुरा मिलाई-मिलाई उहाँलाई जुम्लाको खबर सुनाएँ। मैले सोचेको ठिक रहेछ। उहाँले मुख बिगार्नुभयो। नगइदिए हुन्थ्यो जस्तो गर्नुभयो।

भन्नुभयो, 'भइरहेको स्थायी जागिर छाडेर हिँड्नु र?'

मैले जानेसम्म जुम्लाको बारेमा कहिल्यै राम्रो कुरा सुनेकी छैन।

कर्णालीका जिल्ला जुम्ला, हुम्ला, डोल्पा, मुगु र कालिकोटको नाम आउनेबित्तिकै गरिबी र दुर्गमजस्ता विशेषण जोडिएर आइहाल्छन्। अखबारमा पनि प्राय: नराम्रै खबर छापिन्छ। कहिले खाद्यान्न अभावले घेरेको हुन्छ। कहिले झाडापखालाले मान्छे मरिरहेका हुन्छन्। भाइरल इन्फ्लुएन्जाको प्रकोप यहीँ छ। वर्षेनी सयौं व्यक्ति काम खोज्न भारत छिर्नुपर्ने बाध्यता पनि यहीँ छ।

त्यही भएर होला, म जुम्ला जाँदैछु भनेर सुरुमा त साथीहरू कसैले पत्याएनन्।

साँच्चै रहेछ भन्ने थाहा पाएपछि पनि सबैले मलाई उडाए। कतिले 'पैसा कमाउन जान लागेकी' भनेर खिसी गरे। कतिले 'धेरै दिन टिक्न सक्दिन' भने। कतिले माओवादी द्वन्द्वको डर दखाए। भने, 'दिनरात मान्छे मरिरहेका बेला मगज बिग्रेकाहरूमात्र जुम्ला जान्छन्।'

जुम्लाका मान्छे हामीभन्दा गरिब छन् भन्ने सुन्दा सानैदेखि मलाई अचम्म लाग्थ्यो। आज हामी पहिलेजति गरिब छैनौं। जुम्ला भने जहाँको तहीँ छ। आखिर किन यति गरिब छ जुम्ला? बल्ल बुझेँ, जब आफ्नै देशका मान्छे जुम्लालाई परदेश ठान्छन्, कसरी उन्नति हुन्छ? अनि कसरी सुध्रिन्छ जुम्लीहरूको जीवनस्तर?

सबैले खिसीट्युरी गरे पनि म भित्रैदेखि दृढ थिएँ ।

२०५८ साल । बर्खाको बेला ।

कार्यक्रम सुपरभाइजरले मलाई सँगै जुम्ला लैजानुपर्ने थियो । काम सिकाएपछि मात्र उनी फर्कने भनिएको थियो । 'तिमी सुर्खेत गएर बस्दै गर, काम सिक्दै गर,' उनले भनिन्, 'म आउँछु, अनि सँगै जुम्ला जाउँला ।'

उनले सुर्खेत आउनै आलटाल गरिरहिन् । खासमा उनी जुम्ला जानै चाहँदिनन् भन्ने मैले बुझैं । उनको भरमा बसिरहे कति दिन सुर्खेतकै बास हुने हो पत्तो थिएन । मैले एक्लै भए पनि जुम्ला उक्लिने निधो गरेँ ।

अक्षर नचिनेका हाम्रा दिदीबहिनी, दाजुभाइ भाषै नबुझ्ने देशमा गएर त एक्लै काम गरिरहेका छन् भने मलाई आफ्नै देशमा जान किन साथी चाहियो ?

जुम्ला जाने हवाईजहाज पाउन निकै गाह्रो भयो । खराब मौसमका कारण उडानै कम थियो । त्यसमाथि जुम्ला एयरपोर्ट कालोपत्रे गर्न लागेकाले जहाज जान सक्दो रहेनछ । हेलिकोप्टरमा टिकट पाउनु महाभारत जित्नुजत्तिकै हुँदो रहेछ ।

मसँग जुम्लाको एभरेस्ट होटलका प्रोप्राइटर सुनील (शर्मा) दाइको फोन नम्बर थियो । सुर्खेतबाटै फोन गरेँ । उहाँले हेलिकोप्टरको टिकट लिने छड्के बाटो देखाइदिनुभयो ।

छड्के बाटो सजिलो थियो । टिकट पाएँ पनि । तर, मन आत्मग्लानिले भरिएर आयो । मान्छे पन्ध्र/सोह्र दिनदेखि एयरपोर्टमै कुरेर बसेका छन् । एकअर्कालाई चिन्ने भइसकेका । 'तपाईलाई देखे भने झगडा गर्न आउँछन्, कुटाकुटै हुनसक्छ,' हेलिकोप्टरका स्टेसन म्यानेजरले मलाई फोनमा भने, 'तपाई आफ्नो झोला मेरो अफिसमा राख्नुस् र कहीं नजानेजस्तो गरी बस्नुस् । हेलिकोप्टर जाने पक्का भएपछि म खबर गर्छु ।'

मलाई उनको कुरा सुनेर साह्रै नमज्जा लाग्यो । टिकट नपाएर एयरपोर्टमा अलपत्र यात्रुहरूलाई अन्याय गरेँ कि भन्ने भयो । भनसुन गरेर टिकट लिएकोमा पछुतो लागेर आयो ।

मसँग अरू उपाय नै के थियो र? मलाई एकछिन सुर्खेतमा अडिन मन थिएन। त्यो मेरो कार्यक्षेत्र होइन। आफ्नो कार्यक्षेत्र नगई सुर्खेतमै भुलिरहन मेरो मनले दिँदै दिएन। यहाँ त स्वास्थ्य सेवाका थुप्रै विकल्प छँदै छन्। तर, जुम्ला? जुम्लालाई मेरो खाँचो थियो। कम्तीमा त्यतिखेर मलाई त्यस्तै लाग्यो। मैले गौतम बुद्धलाई सम्झेँ। उनले भनेका थिए रे, कहिलेकाहीँ असल नतिजाको निम्ति गलत बाटो पनि स्वीकार्य हुन्छ।

म आफ्नो मन थामथुम पारेर स्टेसन म्यानेजरको निर्देशन पछ्याउँदै गएँ।

र, एसियन हेलिकप्टरमा जुम्ला उडेँ।

मेरो मन खुसीले नाच्न थाल्यो।

'आम्मामामा! कस्तो होला जुम्ला?'

हेलिकोप्टरको आवाज साह्रै चर्को हुँदो रहेछ। कानै खाने।

पहिले काठमाडौंबाट नवलपरासी जाँदा भैरहवासम्म जहाज चढेकी थिएँ। यस्तो आवाज आएको थाहा थिएन।

हेलिकोप्टर भुर्र चराजस्तै उड्न थाल्यो। यात्रु भन्नु म र एकजना केटा थियौं। अलकत्राको ड्रम र सामानका थुप्रै पोकापोकीमात्र हामीसँगै जुम्ला जाँदै थियो। पोकापन्तुरोको डुंगुरले अगाडि पाइलटधरि देखिएको थिएन। ज्यान घरि दाहिनेतिर कोल्टे पर्थ्यो, घरि देब्रे। घरि तेर्सेतेर्सो जान्थ्यो। हेलिकोप्टर हल्लिँदा अलकत्राको ड्रमले थिच्छ कि जस्तो हुन्थ्यो। अजंगका डाँडा छिचोल्दै कापकापबाट हुइँकिँदा यस्तो भान भयो, म बाले कथा सुनाउनुभएका देवताको वायुपंखी घोडामा सवार छु। घाँटी तन्काई-तन्काई मुनि हेर्न थालेँ। डाँडाका टुप्पाटुप्पामा, खोंचखोंचमा एकदुइटा झुप्रा देखिए। त्यहाँ पक्कै मान्छे त बस्छन् होला नि! कसरी पुग्दा हुन् त्यहाँसम्म। निधार खुम्च्याउँदै आँखा गाडेँ। मसिनो धर्सोजस्तो गोरेटो बाटो देखियो। स्कुल भने टाढाटाढासम्म कहीँ देखिनँ। कहाँ पढ्दा हुन् यी घरका केटाकेटी?

दायाँबायाँ आँखा घुमाएँ। मेरी आमा कपाल सपक्क कोरेर बीचमा लामो सिउँदो राख्नुहुन्छ। यी पहाडका बीचमा मेरी आमाको सिउँदोजस्तै नदी बगिरहेको देख्दा झन्डै आँसु नआएको, आमालाई सम्झेर। बाहिरका आकृति विस्तारै धमिलो हुँदै गए। धुलो छिरेर अप्ठेरो भएजस्तो भान पार्दै आँखा झिम्झिमाएँ। आँखामा लागेको बादल छाँट्टियो।

हेलिकोप्टर जुम्ला एयरपोर्टमाथि फन्को मार्दै रहेछ।

माथिबाटै कालो पर्खाल देखेँ। एयरपोर्टमा कालो पर्खाल लगाएको देखेर अचम्म लाग्यो। जतिजति तल झर्दै गएँ, दृश्य छ्यांग हुँदै गयो। एयरपोर्टको पर्खाल भनेको त कहाँ हुनु! ती त काँडेतारको छेउ लागेर बसेका स्थानीय बासिन्दा रहेछन्। भारी बोक्न एयरपोर्ट आएका।

म एयरपोर्ट बाहिर निस्कें। एक हुल केटाकेटी मलाई घेर्न आइहाले। महिला र पुरुष पनि थिए। प्रायः सबै उमेर ढल्केका। केही शारीरिक अपांगता भएका पनि देखिए। हातखुट्टा बंग्याउँदै, खोच्याउँदै, अलिअलि मुस्कान छर्दै मेरोछेउ आए।

'केही खाका छैनम्, भारी बोक्न देऊ,' एक हातले आफ्नो पेटतिर इसारा गर्दै उनीहरूले भने।

जवाफ दिन नपाउँदै उनीहरू 'म बोक्छु, म बोक्छु' भनेर झोला तानातान गर्न थाले। मैले केही बोल्नै सकिनँ। हेरेको हेर्‍यै भएँ। आखिरमा दुईजना केटाकेटीले मिलेर बोक्ने सहमति गरे।

दुवै हेर्दै टिठलाग्दा थिए। नाकबाट अविरल सिंगान बगेर घाउ बनेको। नाक र ओठको बीचमा सिंगान कट्कटिएर जुँगाको रेखीझैं देखिन्थ्यो। ऊनीको कालो पछ्यौरा ओडेका थिए, ठाउँठाउँमा भ्वाङ परेको। जुम्लाको चिसो हावा कसरी छेक्दो होला त्यसले! फलाटिनको कपडा दस ठाउँमा उध्रिएको थियो, दस ठाउँमा टालेको थियो। कपडाको मैलो जुत्ताबाट खुट्टाका आधाभन्दा बढी औंला चियाइरहेका थिए। कपाल कहिल्यै ननुहाएजस्तो लट्टा परेको थियो। अनुहार फोहोर र चिसोले कक्रक्क, झिंगा भन्किनमात्र बाँकी।

'नाउँ के हो?'

उनीहरूले अन्कनाउँदै भने। दलित रहेछन्।

'स्कुल जाँदैनौ?'

जवाफमा टाउको हल्लाएर 'जान्न' भने।

उनीहरू जुम्ली भाषा बोलिरहेका थिए। म बुझ्न त बुझिरहेकी थिएँ, तर त्यही भाकामा बोल्न जान्ने कुरा भएन। म नेपालीमा सोध्थेँ, उनीहरू आफ्नै भाषामा जवाफ दिन्थे। खलंगा बजार बाहिर पाइला टेकेका रहेनछन्। बाह्र वर्ष नाघिसकेका थिए, तै स्कुलको मुख देखेका थिएनन्। पढाइलेखाइमा पूरै सुन्ना।

होटल पुगेपछि साहुनी (गोमा भाउजू) सँग तिनै केटाकेटीको बारेमा सोधखोज गरेँ। उनीहरूका बा एकाएक गायब भएका रहेछन्। माओवादीमा लागे कि भारततिर भासिए, मरे कि जिउँदै छन्, केही पत्तो रहेनछ। आमाले अर्को बिहे गरिछन्। अनि उनीहरू जुम्लाको चिसोमा ठिहिरिँदै भारी बोकेर गुजारा गर्दा रहेछन्। हजुरआमा र हजुरबालाई पनि पालिरहेका रहेछन्।

रातभरि तिनै भुराहरूको तर्कना मनमा खेलिरह्यो। के टुहुरो हुनु, दलित हुनु र गरिब हुनु कसैको रहर हो? के ती बच्चालाई उफ्रीउफ्री, नाच्दैनाच्दै स्कुल जाने इच्छा थिएन होला? बिचरा, अघाउन्जेल आमाको काखमा खेल्नधरि पाएनन्।

मेरो आँखाबाट तुरुक्क आँसु झरेछ। पत्तै पाइनँ।

बालाई सम्झिएँ। उहाँले सुनाएको जुम्ला वर्णन घरिघरि कानमा गुञ्जिन थाल्यो।

बा २०१७ सालमै यहाँ आउनुभएको थियो। लमजुङमा जन्मेको मान्छे, टुहुरो भएर भौतारिँदै झापा पुग्नुभयो। कहाँबाट यो दुर्गम ठाउँमा आइपुग्नुभयो! अहिले त यस्तो छ, त्यतिबेला कस्तो थियो होला! मान्छेको जात- परिस्थिति र संजोगले जता लतार्‍यो, उतै लतारिने त हो। त्यसबेला बा यहीँ घरजम गरेर बस्नुभएको भए आज म यिनै केटाकेटीको ठाउँमा हुन्थेँ होला? भाग्यमानी रहेछु, मेरो बाले चितवन रोज्नुभयो। जुम्लाभन्दा धेरै सुगम ठाउँमा जन्मिन पाएँ।

मनमा कुरा खेलाउँदा-खेलाउँदै मैले थाहा पाएँ, कुनै पनि व्यक्तिको जन्मिने ठाउँ उसको छनोटको विषय होइन ।

जुम्लामा पाइला टेकेको एक दिन नबित्दै त्यहाँको एउटा करुण तस्बिर मेरो आँखा अगाडि थियो ।

आफ्नो बाल्यकाल याद आयो । म नांगो खुट्टा हिँडेकी छु । भोको पेट सुतेकी छु । आफूभन्दा ठूलो भारी बोकेकी छु । मेलापात गरेकी छु । तर, यतिविधि गरिब थिइनँ । यतिविधि दुःखी थिइनँ ।

म दुःखी भनेको त यो ठाउँ पो दुःखी रहेछ ।

बाले भन्नुभएको साँच्चै हो ।

जुम्लाका मान्छे हामीभन्दा गरिबै हुन् ।

नर्सिङ क्याम्पसका धेरै साथी बेलायतमा छन् । उनीहरू तारन्तार इमेल लेखेर मलाई डाकिरहन्छन् । भन्छन्, 'तँ के नेपालमा बसिरहन्छस्, बेलायत आइज, यहाँ सबथोक छ ।'

आज म उनीहरूलाई सोध्न चाहन्छु, 'के त्यहाँ जुम्ला छ ?'

म निकै भाग्यमानी हुँ । मैले बेलायत होइन, जुम्लामा काम गर्ने मौका पाएँ । बेलायतले मजस्तो नर्स प्रशस्तै पाउँछ । जुम्लामा म एक्ली छु । बेलायतमा मेरो उपस्थितिको मोल सुका बराबर हुन्न । जुम्लामा लाख छ ।

यहाँ म जनशक्ति विकास अधिकृत छु । एक किसिमले भन्दा यो हाकिम पद हो । नेपालीहरूमा हाकिम हुनलाई पुरुष भए डम्म भुँडी लागेको र महिला भए पाकी र सिंगारपटार गरेकी हुनुपर्छ । जुम्ला जस्तो ठाउँमा त झन् बाहिरका महिला हम्मेसी काम गर्न जाँदै जाँदैनन् । गए पनि कलिलो उमेरको छ भने कसैले पत्याउने होइन । त्यस्तो सोच भएको ठाउँमा सबैको विश्वास जित्न आफूलाई उमेरभन्दा पाकी देखाउनु मेरो पहिलो चुनौती बन्यो ।

मैले साडी लगाउन थालें। अफिस जाने बेला होटलकी बज्यैले पूजा गरेर राखेको थालीबाट निधार माथि टीका लगाउँथें, विवाहित महिलाले जस्तै। तैपनि मलाई मेरो पदअनुसार कसैले बोलाएनन्। जसले पनि 'सिस्टर' भन्थे। मतलब, उनीहरूको निम्ति म बिरामीको सेवा गर्ने नर्स हुँ, व्यवस्थापक होइन। यसले सुरुसुरुमा काम गर्न निकै अप्ठेरो भयो। कतिपयले असहयोग गरे। आजसम्म गरिरहेकै छन्।

म पनि हार मान्नेवाला कहाँ थिएँ र?

मैले के अनुभव गरेँ भने, पढाइले व्यक्तित्व बढाउन ठूलो भूमिका खेल्दोरहेछ। मैले स्वास्थ्य शिक्षामा स्नातकोत्तर सकेको, समाजशास्त्रमा स्नातकोत्तर गरिरहेको, नर्सिङमा स्नातक र चार वर्ष एनेस्थेटिक असिस्टेन्टको अनुभव संगालेको सुनेपछि सबै त्यसै जिब्रो टोक्थे। जुम्लामा काम सुरु गर्दा मैले हासिल गरेको शिक्षा नै मेरो निम्ति बलियो अस्त्र साबित भयो।

संजोगले त्यहाँका डाक्टर मेरी माइली दिदी (विन्दु) सँगै पढेका रहेछन्। थर पनि पौडेलै। यसले त्यहाँको वस्तुस्थिति बुझ्न निकै सजिलो भयो। सबै राम्रो हुँदाहुदै उनीसँग एउटा कुरामा भने सधैं गुनासो रह्यो मेरो। जुम्लाप्रति उनको खासै अभिरुचि थिएन। न काम गर्ने जाँगरै देखिन्थ्यो। उनी खालि सरकारी जागिरको दुर्गम कोटा पूरा गर्न आएका थिए। 'यहाँ केही गर्न सकिन्न बहिनी, गर्नै दिँदैनन्,' उनी प्रस्टै भन्थे, 'बसुन्जेल सबैलाई खुसी बनाएर बस्ने, दिन सकिएपछि खुरुक्क जाने।'

उनी जुम्ली भाषा मिसाउँदै मलाई सम्झाउँथे, 'तुमी पनि आफ्नो जागिर खाऊ, अनुभव लेऊ, जाऊ।'

म उनको निराशाजनक कुरालाई फिस्स हाँसेर टारिदिन्थें।

हाम्रो छुट्टै अफिस थिएन। नेपाल र बेलायत सरकारको द्विपक्षीय कार्यक्रम र द्वन्द्वको बेला परेकाले जुम्ला अस्पतालमै प्रशासनको एउटा कोठा खाली गरेर हामीलाई बस्न दिइएको थियो।

एककोठे अफिसमा चारवटा प्लास्टिकका कुर्सी थिए। दुइटा टेबल। चकटी राखेका दुइटा कुर्सी। भित्तामा टाँसिएको एउटा दराज। बस् त्यत्ति। सुरक्षाका कारण तडकभडक नगरी जतिसक्दो न्यूनतम सुविधामा बस्नुपर्छ भन्ने मान्यता थियो। त्यही भएर जुम्लाको ठन्डीमा न हिटर ताप्ने सुविधा थियो, न कार्पेटको न्यानै पाइन्थ्यो। जाडो महिनाभरि चिसोले मेरा हात कक्रक्क पर्थे। मैले लाउने लुगा पनि खासै न्याना थिएनन्। जुम्ला जाँदा बाक्ला कपडा लगेकी थिइनँ। जाडोमा थर्मल कोट लगाउनुपर्छ भन्ने थाहै थिएन। भए पनि किन्न पैसा थिएन। अरूको स्थिति हेर्थें। मभन्दा पातलो कपडामा धानिएर बसेका छन्। सोच्थें, सबै त बाँचेकै छन्। मेरो जाडो त्यसै छुमन्तर हुन्थ्यो।

अफिस कोठामा भर्खरै जालीढोका हालिएको थियो। त्यसैले होला, अलि कडा थियो। ढोका खोल्दा र लगाउँदा कुइँइँइँ कराउँथ्यो। एकदिन त्यही ढोका कुइँइँइँ पार्दै एकजना महिला हड्बडाउँदै भित्र छिरिन्।

'दिदी दिदी, एकजना पखाला लागेको बिरामी आ'को छ, छिटो आउनुस् न,' उनले एकै सासमा भनिन्।

उनको नाउँ हो, तारा नेपाली। लोग्ने प्रहरीमा रहेछ। लोग्नेले अर्की श्रीमती ल्याएपछि उनी सानो छोरा लिएर माइतीमा बाआमासँग बस्दै आएकी रहिछन्। अस्पताल विकास समितिमा सहयोगीको काम गर्थिन्। महिनाको एक हजार रुपैयाँ तलब। त्यो पनि बढेर त्यति भएको रे। उनी मैले भेटेका सहयोगी कर्मचारीमध्ये सबभन्दा इमानदार थिइन्। भनेको र सिकाएको काममा कुनै नाइँनास्ती नगर्ने। सायद अस्थायी भएर होला। वा, लोग्नेले छोडेपछि आर्थिक बोझले थिचिएर हो कि ?

तारा एक्ली महिला सहयोगी थिइन्, जुम्ला अस्पतालमा। अनुहार हँसिलो थियो, स्वभाव लजालु। अलि सिकिस्त बिरामी देखे खुब डराउँथिन्। बिहानदेखि बेलुकीसम्म काम गरिरहन्थिन्। जति अबेरसम्म बस्नुपरे पनि गोडा बजार्थिनन्। अनुहार ठुस्स पार्थिनन्। त्यस्तो सहयोगी मैले आजसम्म भेटेकै छैन। अरू जति भेटेँ, प्रायः समयको ख्याल नगर्ने, रक्सीले मातेर अफिस आइदिने, उस्तै परे झगडा गर्ने, अनेक बहाना बनाएर काम टार्ने खालका हुन्थे। कुरौटे स्वभावका सहयोगी पनि धेरै भेटेकी छु। तारामा यी कुनै अवगुण थिएनन्।

उनै तारा पखालाले सिकिस्त बिरामी देखेर सास फुलाउँदै मकहाँ आएकी थिइन् । म तुरुन्तै उनलाई पछ्याउँदै बिरामीकहाँ पुग्न चाहन्थेँ । तर, एकछिन थामिएँ ।

म सिस्टर बनेर जुम्ला आएकी थिइनँ । त्यहाँ बिरामी जाँच्ने अधिकार पनि थिएन मलाई । आज भावनामा बगेर उपचार गरेँ भने पछिपछि पनि मेरै भर पर्ने खतरा थियो । हुन त जुम्ला अस्पतालमा कति नै बिरामी आउँथे र? यसो भन्दैमा अस्पतालका डाक्टर, नर्सको जिम्मेवारी आफैंले लिएर म उनीहरूलाई परजीवी बनाउन चाहन्नथेँ ।

'पखाला लाग्दैमा म किन आउनुपऱ्यो,' मैले अलि रिसाएझैं भनेँ, 'यत्रा वर्ष कल्ले बिरामी जाँच्यो, जाऊ उनीहरूलाई बोलाऊ?'

उनी एउटा हातले जालीढोका ठेलेर उभिरहेकी थिइन् । एउटा खुट्टा कोठाभित्र थियो, एउटा बाहिर । रुन्चे स्वरमा भनिन्, 'गली गली दिदी । बिरामी सिरियस छ ।'

जुम्ली भाषामा कसैलाई बिन्तीभाउ गर्नुपऱ्यो भने 'गली गली' भनिन्छ । मैले त्यतिखेरसम्म जुम्ली र नेपाली भाषाको अर्थ खुलाएर एउटा सानो शब्दकोष बनाइसकेकी थिएँ ।

ताराको त्यस्तो बिन्तीभाउ सुनेर मेरा गोडा अडिएनन् । मेरो कायदिशले तोकेको दायरामाथि नर्सको कर्तव्य हावी हुन पुग्यो । त्यो मेरो काम होइन भन्दै बसिरहन मन मानेन ।

म उनको पछि लागेँ ।

इमर्जेन्सी कोठा ५०/६० मिटर टाढा थियो । म तारासँगै दौडिँदै त्यहाँ पुगेँ । बिरामी हेरेँ । महिला रहेछ । पखाला लागेको पनि हैन रहेछ । रगत बगेर बेहोस भएको । त्यो पनि सुत्केरी गराउँदा साल अड्केर । जुम्ली भाषामा रगत बग्नुलाई पखाला लागेकै भनिँदो रहेछ ।

ती महिला बेहोस थिइन् । भरतपुर अस्पतालमा चार वर्ष एनेस्थेसियामा काम गरेकीले मैले धेरैचोटि यस्तो बिरामीको उपचार गरेकी थिएँ । कम्तीमा

३० सेकेन्डदेखि २० मिनटमै रगत बगेको रोक्न सकिन्छ । घरमै पनि उपचार हुनसक्छ । साधारणतया पाठेघर खुम्चाएर रगत बग्न कम हुने औषधि दिनुपर्छ । रगतसम्म दिन पाए पनि बिरामीलाई बचाउन सकिन्छ । त्यहाँ न बिरामीलाई चाहिने जगेडा रगत थियो, न अपरेसन कोठा । न इन्जेक्सन, न औषधि । बजारका निजी औषधि पसलमा पाइन्छ कि भनेर मान्छे दौडाएँ । पाइएन । अब बिरामीलाई सुर्खेत वा नेपालगन्ज लग्नुको विकल्प देखिनँ । तर, कुरुवासँग पैसा थिएन । जहाजमा जाँदा दुईजनालाई कम्तीमा ६ हजार रुपैयाँ लाग्थ्यो । सहयोग गरुँ भने आफूसँग पनि त्यति पैसा थिएन । समय घर्किंदै थियो । जति आलटाल गर्‍यो, रगत बगेरै बिरामीको मृत्यु हुने खतरा थियो । मैले केही सीप नलागेर आफूसँग भएको अलिकति पैसा झिकेँ । बाँकी त्यहीं खोजखाज पारेँ । छ हजार रुपैयाँ जम्मा भएपछि बिरामी र कुरुवा दुवैलाई एयरपोर्ट पठाइहालेँ ।

दुर्भाग्य ! जहाज उडिसकेछ ।

ती महिला बाँचिनन् ।

म त्यो रातभरि निदाउन सकिनँ । हेर्दाहेर्दै आँखैअगाडि प्राण गएको ती महिलाको अनुहार झल्झली सम्झिरहेँ । उनको शव र रुवाबासी गरिरहेका आफन्त छेउछाउ नै छन् कि जस्तो लाग्यो । म तर्सिएँ । दायाँबायाँ हेरेँ । रित्तो कोठा थियो । रित्तो म थिएँ । आफैंलाई धिक्कारेँ । के-के न गर्छु भनेर आएको, एउटा सामान्य बिरामीलाई पनि बचाउन सकिनँ । मैले ती महिलाको अनुहारमा आफ्नी आमालाई देखेँ । झन् रुन मन लाग्यो ।

जुम्ला बसाइको एउटा असफल सुरुवातले मलाई भित्रैदेखि हल्लाइदिएको थियो । फेरि सोचेँ, यस्तो घटना त यहाँ धेरै हुनेछ । जहाँ ३० मिनेटको फरकमा एकजना आमा मरिरहेकी छन्, त्यहाँको स्वास्थ्य सेवामा काम गर्नु सजिलो पक्कै होइन । यसलाई सजिलो बनाउने हो भने अपरेसन कक्ष, रगत बैंकको व्यवस्था र आकस्मिक कोष खडा गर्न डटेर लाग्नुपर्छ । यति गर्न सकिन्छ भनेमात्र यहाँ बसेको सार्थक हुन्छ । नभए दिनहुँ बिरामीको मृत्यु हेर्दै दिनहुँ आफैं मर्नुभन्दा जुम्ला छाडेर हिँडेकै बेस ।

सुरुवातमै अत्तालिएर जुम्ला छाड्ने कल्पनाले मेरो मन चिसो भएर आयो। गोडाले आफ्नै ज्यान थाम्न नसकेजस्तो भयो। ओछ्यानमा पल्टिएँ। आँखा चिम्लैं। बाको अनुहार याद आयो।

'छोरी, जुम्लामा हामीभन्दा गरिब मान्छे बस्छन्, तिमीले ठूलो भएर उनीहरूको सेवा गर्नुपर्छ है।'

मैले फुरुंग परेर 'हस् बा' भनेकी थिएँ।

आँखा उघारेँ।

बाले हात दिएजस्तो लाग्यो। मन एक्कासि तातो भएर आयो। मैले उतिन्खेरै अठोट गरेँ, म भाग्दिनँ। समस्यासँग लड्छु। समस्यालाई जित्छु।

मेरो बा कहिल्यै मलाई गलत बाटो देखाउनुहुन्न। जुम्लालाई मेरो खाँचो छ।

किनकि, यहाँ मभन्दा गरिब मान्छे बस्छन्।

□□

दुई

मेरो प्यारो जुम्ला

सबभन्दा अग्लो ठाउँमा क्षेत्रीय प्रहरी कार्यालय छ। अलि तल सैनिक ब्यारेक। त्योभन्दा होचोमा एयरपोर्ट। धावनमार्गसँगै दाङसाँघुतिरबाट बग्दै आउँछ तिला नदी। अनि एयरपोर्ट, कर्णाली प्राविधिक स्कुल र महत गाउँ तीनतिरबाट भिरालो हुँदै उपत्यकाजस्तो सम्म ठाउँमा बसेको छ सानो बजार।

यही हो, कर्णाली अञ्चल सदरमुकाम खलंगा (जुम्ला) को मोटामोटी भूगोल।

बजारबाट उत्तरतिर विस्तारै उठ्दै गरेको डाँडा र त्यसको ठिकपछाडि अजंगको ढुंगेपहाड अग्लिएको छ, जसलाई 'डाँफे लेक' भनिन्छ। पूर्वपट्टि तिला नदीको काखैकाख तेर्सो वारपार परेको जमिन छ। पाण्डव गुफा, नगरकोट, हाटसिन्जाजस्ता जुम्लाका मुख्य गन्तव्य पुग्न वरिपरिका डाँडा छिचोल्नुपर्छ। नेपाली भाषा (खस) को उद्‌गम विन्दु मानिएको ठाउँ यही हाटसिन्जा हो। पूर्वमै कान्जीरोवा हिमालको टुप्पो देखिन्छ, जसमा बिहान र बेलुकी घामको किरण ठोक्किँदा आँखै अगाडि सुन टल्किरहेको भान हुन्छ।

जनशक्ति विकास अधिकृतका रूपमा यहाँ मेरो कामै डाक्टर, नर्सहरूलाई सुरक्षित मातृत्व सेवाको तालिम दिने हो। स्थानीय स्वास्थ्यकर्मीमा सुरक्षित मातृत्व सेवाको सीप छ कि छैन हेरेर कतिलाई आफैं तालिम दिने र कतिलाई बाहिर पठाइदिने मेरो जिम्मा थियो। गाउँघरतिर परम्परागत रूपमा सुत्केरी गराउँदै आएका सुँडेनी र मातृत्व सेवामा संलग्न संघसंस्थाको क्षमता बढाउनु पनि मेरो कार्यक्षेत्रभित्र पर्थ्यो। यसको निम्ति स्थानीयसँग बढ्ता हेलमेल

राख्नुपर्थ्यो । म पानीघट्टीतिर गएर दलित वा गैरदलित दिदीबहिनीलाई भेट्थेँ ।
उनीहरूसँग भलाकुसारी गर्थेँ । उनीहरूले खाजा खान घरबाट ल्याएका कोदोको
बाक्लो रोटी ट्याप्प टिपेर नुन-खुर्सानीमा चोब्दै खान्थेँ । कहिलेकाहीँ एकदुई
सर्का चिलिम तानिदिन्थेँ ।

बाले जुन जुम्ला चिनाइदिनुभएको थियो, म त्यसलाई राम्ररी जीउन
चाहन्थेँ । जुम्लीहरूको जीवन खोतल्न चाहन्थेँ । जागिरको दायराबाट माथि
उठेर जुम्लीहरूको कल्याणको निम्ति केही गर्ने चाहना मेरो अन्तस्करणमा
बसेको थियो । त्यसैले जुम्ला अस्पतालमा एककोठे अफिसको दलिनमुनि बस्दामात्र
म जनशक्ति विकास अधिकृत हुन्थेँ । त्यसबाहेक महिला अधिकारकर्मी,
सामाजिक परिचालिका, नर्स, डाक्टर, सहयोगी सबै मै थिएँ । आफूले जानेसम्म
यी सबै भूमिका इमानदारीसाथ निर्वाह गरेँ भन्ने लाग्छ ।

र, मलाई यसमा सन्तोष पनि छ ।

यसको फाइदा भनेको मैले जुम्ला, यहाँको समाज, संस्कृति र रहनसहनलाई
नजिकबाट चिन्ने मौका पाएँ । जागिरको सिलसिलामा जुम्ला टेकेर यहाँको
गरिबी र विपन्नतालाई सराप्दै फर्कनेहरूले भन्दा कैयौँ गुणा बढी ।

जुम्ला र जुम्लीले मलाई तिरेको पैँचो यही सामाजिक ज्ञान हो, जुन एक
लाख किताबले दिन सक्दैन ।

हुन त सबै ठाउँको समाज, संस्कृति र रहनसहनको आ-आफ्नै विशेषता
हुन्छ । त्यसमा पनि जुम्लाको खास छ । यहाँ वर्षैभरि सानाठूला चाडपर्व
निरन्तर चलिरहन्छन् । सैनिक जात्रा, रोपाइँ जात्रा, अरू के-के हो के-के? जात्रा
र पर्वको संख्यामात्रै गन्ने हो भने राजधानी काठमाडौँसँग निकै नजिक छ
जुम्ला । मनाउने तौरतरिकामा भने धर्ती र जून जत्तिकै अन्तर होला ।
काठमाडौँमा सानोसानो पर्व दुलही भित्र्याएजत्तिकै धुमधामसँग मनाएको मैले
देखेको छु । यहाँ भने दुलही अन्माउन लागेजस्तो रौनकविहीन हुन्छ । दुर्गम
बसाइको भाडा हो वा जन्मजात गरिबीको कर तिरिरहेका छन् जुम्लीहरू,
चाडपर्वमा पनि कसैको अनुहार फक्रिएको मैले देखिनँ । कहिलेकाहीँ यस्तो

लाग्छ, जुम्लाका पर्व जम्मै औंलामा गन्न सकिने धनीहरूको निम्ति मात्रै त होइनन् ?

जातकै आधारमा 'पोसिएका' र 'ठगिएका' भनी वर्गीकरण गर्नेले एकचोटि जुम्ला आएर हेरे हुन्छ। यहाँ सुविधाबाट ठगिएकाहरू जम्मै दलित वा कथित तल्लो जातका छैनन्। माथिल्लो जात र राज्यस्रोतबाट पोसिएको भनिएका बाहुन, क्षेत्री पनि थुप्रै छन्, जो पेट भर्ने गाँस र आङ ढाक्ने एकसरो धागोका निम्ति रगतपसिना बगाउँछन्। जनगणनाको तथ्यांक केलाएर भनेको होइन, तर मेरो अनुभवमा जुम्लामा बाहुन, क्षेत्री र दलितकै बाहुल्य छ। मुगुबाट बसाइ सरेर आएका मुगाली पनि छन्। यीमध्ये मैले भेटेका धेरै गरिबै छन्।

बा भन्नुहुन्थ्यो, 'जुम्लामा चन्दननाथ र भैरवनाथ मन्दिरलाई धेरै मानिन्छ। छेउमा नदी छ, एकचोटि मन्दिर दर्शन गर्न जाँदा नदीमा पानी लिन गएको, पानी त जमेर बरफ बनेछ। बरफलाई ढुंगाले फोरेँ। तताएर पानी बनाएँ।'

अचेल पनि चन्दननाथ र भैरवनाथमा उत्तिकै आस्था छ जुम्लीहरूको। दसैंका बेला दुवै मन्दिरमा लिंगो फेर्ने चलन रहेछ। बडो रमाइलो हुन्छ लिंगो फेरेको हेर्न। चन्दननाथ बाबालाई त साक्षात् भगवानै मानिन्छ। यहाँ जसले जे माग्यो, पूरा हुने विश्वास छ। उनीहरूले कति पुस्तादेखि कतिथोक माग्दै आए होलान्। खै पूरा भए कि भएनन्, म जान्दिनँ! माग्न भने छाडेका छैनन्।

बाले भनेजस्तो नदीको पानी बरफ भएर डम्म ढाकिएको नदेखे पनि यहाँको चिसो मौसमले सुरु-सुरुमा त मलाई अत्यासै लाग्यो। दसैं नआउँदै असोजबाटै जाडो सुरु हुँदोरहेछ। तिहार सकिएपछि मंसिरदेखि चैतसम्मै हिउँ पर्ने। बिहान-बिहान बाहिर हिँड्दा ठाउँठाउँमा बरफ जमेको मैले पनि देखेँ।

जिन्दगीमा पहिलोचोटि राष्ट्रिय पन्छी डाँफे देखेको जुम्लामै हो। डाँफे पनि देखेँ, मारेर खाएको पनि देखेँ। हिउँ पर्न थालेपछि पन्छीहरू सुरक्षित बास खोज्दै बस्तीतिर आउँदा रहेछन्। त्यही बेला सिकार गर्ने। सिकार गर्नेचाहिँ को भने, सिकारीलाई समातेर कारबाही गर्नुपर्नेहरू नै। डाँफेको मासु पकाएर भोज खाने गरेको सुनेँ, जुन मलाई मन परेन।

मलाई सबभन्दा मन परेको यहाँको भाषा हो। त्यसमा पनि सबभन्दा रमाइलो के लाग्यो भने, अंग्रेजीमा जस्तै जुम्ली भाषामा सानाठूला सबैलाई एकै किसिमले सम्बोधन गरिँदोरहेछ। नेपालीमा बोल्दा हामी तँ, तिमी, तपाई र हजुरमै अल्मलिइरहेका हुन्छौं। अंग्रेजलाई आनन्द छ। सबैलाई 'यू' भन्छन्। उँचनिच भन्ने नै छैन। त्यस्तै हुँदो रहेछ जुम्ली भाषामा। 'के गरिरहेका छौ' भनेर सोध्नुपर्‍यो भने सानोठूलो जो भए पनि 'तुमिन के गद्दा छौ' भने पुग्ने।

लवाइको कुरा गर्दा महिलालाई सामान्यतया चोलो, ब्लाउज र धोतीमा देखें। टाउकोमा पछ्यौरा कहिल्यै टुटेको पाइनँ। तराईतिर बर्खा याममा घुम ओढेजस्तो पछ्यौरा ओढ्दा रहेछन्। आफूभन्दा ठूला वा नातामा मान गर्नुपर्ने व्यक्ति अगाडि छन् भने त्यही पछ्यौरा सिउँदोतिरबाट आँखासम्म तान्ने चलन रहेछ। अनि कानतिरबाट तानेर मुखमा च्याप्दा रहेछन्। यसलाई जुम्ली भाषामा 'घुम्चो' राख्ने भनिन्छ। मलाई यो चलन तराईका महिलाले घुँघट ओढेजस्तो वा मुस्लिम महिलाले बुर्का लगाएजस्तो लाग्यो।

पुरुषहरू दौरा-सुरुवाल, इस्टकोट र सर्ट-प्यान्टै लगाउँछन्। टोपी साधारणतया जम्मैले लगाएका हुन्छन्। भेडाको रौंबाट बुनेको बाक्लो रैथाने कपडा भने बजारतिर कमै देखिन्छ। काठमाडौंमा काम गर्दा जुम्लाबाट आएका पुरुष र महिलालाई जस्तो पहिरनमा देखेकी थिएँ, ठ्याक्कै त्यसको झल्को आयो मलाई। यहाँ मैले पक्की घर कम पाएँ। केही धनी व्यापारी, नेता र जागिरेको बाहेक। धेरैजसो घरमा ढुंगा र माटोको गारो लगाइएको हुन्छ। छतमा पनि माटो छापिएको हुन्छ। माटोबाट हिउँ छिर्न नसक्दो रहेछ। घर न्यानो पनि पार्दो रहेछ। प्राय: घर दुईतले हुन्छन् – मुनि गाईवस्तु पाल्ने, माथि मान्छे बस्ने।

हामी नेपाली भाग्यवाद र रुढीवादका दीर्घरोगी हौं। समाजशास्त्री डोरबहादुर बिष्टले यसमाथि शोधै गरेका छन्। पूर्वको ताप्लेजुङ होस् या पश्चिमको जुम्ला, यो रोगबाट कोही अछुतो छैन। खालि मात्राको फरक हो। जुम्ला अलि बढी नै ग्रसित भएको मैले अनुभव गरें।

बिरामी हुँदा उनीहरू अस्पताललाई कम, धामीझाँक्री र फुकफाकमा बढ्ता भर गर्छन् । जति सिकिस्त भए पनि अस्पताल आउनै मान्दैनन् । आइहाले पनि घिटीघिटी भएपछि मात्रै । मलाई सबभन्दा हाँसो लागेको त, गर्भवती महिलाले खोला नाघ्न हुन्न रे ! देवता रिसाउँछ रे ! बिगार गर्छ रे ! अर्को हाँसोउठ्दो कुरा, महिनावरी हुँदा घरको जग छुन हुन्न रे! मतलब, घरमै बस्न नपाइने । यस्ता उदाहरण गनीसाध्य छैन ।

छोरा र छोरीमा निकै भेद गरिँदो रहेछ । त्यसो त छोरा होस् कि छोरी, बच्चालाई राम्ररी स्याहार्ने, हुर्काउने, बढाउने ध्याउन्ना कमैको हुन्छ । सुत्केरी हुँदा पीडा खप्न नसकेर 'अबदेखुन् पाउँदिनम्' भन्छन्, वर्षेनी पाइरहन्छन् । नानीहरू माटोसँग खेल्दै आफैं हुर्कन्छन् । डाँडामा पछारिँदै बढ्छन् । उज्ज्वल भविष्यको सपना भनेको भविष्य भएकाले देख्ने न हो । यहाँ त गरिबीले आजको दिन अघाएर बाँच्नु नै ठूलो कुरा छ, कल्ले गर्दियोस् भोलिको चिन्ता ?

पुरुष र महिलाको लवाइखवाइमा राजा र रंकजत्तिकै फरक छ । जति नै शिक्षित र जानकार भए पनि पुरुषले समानताको कुरा गर्ने घरबाहिर मात्र हो । घरमा भने श्रीमती र छोरीहरूलाई धार्मिक ग्रन्थ र इतिहासका किताबमा पढिने दासीझैं व्यवहार गरिरहेका हुन्छन् । घर-घर घुम्ने क्रममा अधिकांश महिला जनावरको जिन्दगी बाँचिरहेको मैले देखें । अनपढ र अशिक्षितकहाँ मात्र होइन, पढेलेखेको भनिएका पुरुषका घरमा पनि । आफू भने ठाँट्टिएर बजार चहार्छन्, घरमा श्रीमती, आमा र छोरीहरू हातगोडा चर्चरी फुट्ने गरी काममा जोत्तिएका हुन्छन् । अनुहारबाट कहिल्यै घुम्चो हटाउने होइन ।

बाहिर ठुल्ठूला कुरा गर्ने नेता, हाकिम, पत्रकार र नर्स पनि छाउपडी मान्दा रहेछन् । महिनावारी हुँदा भात, दूध, माछामासु खान नहुने रे ! साथीलाई भेट्न नहुने रे ! तरकारी र फलफूलका बिरुवा छुन नपाइने रे ! गर्भवती र साना बच्चाको नजिक पर्न नहुने रे ! मन्दिर त भन्नै परेन । हेर्दा पनि पाप लाग्छ कि जस्तो गरेर तीन कोस परै बस्छन् ।

आम्मामामा !

जुम्लाको रीतिरिवाज देखेर म त रन्थनिएँ ।

रातमा पनि आकाश उज्यालिने यो बेला निस्पट्ट अँध्यारोमा बाँचिरहेको छ जुम्ला । बत्तीको अँध्यारो हैन, ज्ञानको अँध्यारो । चेतनाको अँध्यारो ।

सायद वर्षौंदेखिको अँध्यारोले व्यग्र मन भुलाउन हो कि, चुइँगम अति रुचाउँदा रहेछन् । महिलाले पनि प्याट्ट-प्याट्ट चुइँगम पड्काउँदै आफूजत्रै ढुंगाको भारी बोकेको मैले देखेँ । आफूभित्र गुम्सिएको आक्रोशलाई दाँतले किचिमिची पार्दै हल्का हुन त होइन ?

हल्का हुने अर्को उपाय पनि खुबै चल्छ यहाँ । मदिरा सेवन । घरमै बनाएको 'लोकल' देखि सुर्खेत र नेपालगन्जतिरबाट आउने सिलबन्दी रक्सीसम्मको माग छ । कर्मचारीहरू बिहानै टिल्ल परेर अफिस आएको मैले देखेकी छु । रमरम हुँदै ड्युटीमा बसेका प्रहरी भेटेकी छु । धान राम्ररी फल्दैन । भोकमरीले जनता मर्छन् । सरकारले सहुलियतमा दिएको चामलबाट भने जाँडरक्सी बनाइन्छ । यसलाई चेतनाको कमी भन्ने कि परनिर्भरताको पराकाष्ठा ?

'यस्तो पनि गर्ने हो ?' मैले कतिलाई सोधेँ पनि ।

उनीहरू निसंकोच जवाफ दिन्छन्, 'जाडो छ, रक्सी नखाई त ज्यानै तात्दैन ।'

ज्यानमात्र ताते त ठिकै थियो, त्यही रक्सीले दिमाग पनि तताउँछ । अनि हुन्छ कैरुगडा, घरेलु हिंसा, जसको सिकार घुमिफिरी महिला नै हुन्छन् ।

जहाँ रक्सी यति सहज छ, चुरोट नहुने कुरै भएन । चुरोटै भनेर नखाए पनि सुल्फा खुब खाइन्छ । महिला पनि धेरै यसका अम्मली छन् । गाउँमै बनाएको कक्कड राखेर चिलिम तान्नु सामान्य भइहाल्यो । मृगेन्द्र चिकित्सा प्रतिष्ठानका साथीहरू भन्थे, 'धूमपानबाट स्वास्थ्य समस्या बढी देखिएको जिल्लामा पर्छ जुम्ला ।'

स्वास्थ्य समस्या बढ्नुमा धूमपानलाई मात्र कारण देखाएर उम्किन भने मिल्दैन । जिल्लामा सबैतिर बिजुलीबत्ती पुगेको छैन । खाना पकाउन र आगो ताप्न सल्लाको दाउरा बालिन्छ । यसले धर्साधर्सा कालो धुवाँ फाल्छ, जुन स्वास्थ्यका लागि निकै हानिकारक हुन्छ । धुवाँरहित चुल्होको नारा दिने विदेशी आयोजना नभएका होइनन् । तिनको प्रभाव होटल र धनीमानीको घरमा मात्र छ ।

यहाँको अर्को समस्या हो, सरकारी कर्मचारी बस्दै नबस्नु । कुनै न कुनै भ्रमण, काज वा तालिम मिलाउँछन्, अनि नेपालगन्ज, सुर्खेत वा काठमाडौं झरिहाल्छन् । निमित्तको भरमा कार्यालय चल्छ । कहिलेकाहीं त त्यही निमित्त पनि हुँदैन । उसको सट्टामा आउने सिमित्तले कार्यालय धान्नुपर्छ । दसैं मान्न घर गएका साथीहरू फागुनतिर मात्र उक्लेको मैले भेटेकी छु । हुन त बाह्रै महिना सरकारी कर्मचारी बस्ने जिल्लामा पनि जनताले कति नै प्रभावकारी सेवा पाएका छन् र ? जुम्लामा भने अचाक्ली नै छ । जहाजको टिकटदेखि अस्पतालको उपचार र व्यवसायदेखि ठेक्कापट्टासम्ममा हुनेखानेकै आधिपत्य छ । म आफैं पनि भनसुन गरेर हेलिकोप्टरमा यहाँ आएकी हुँ, जबकि कैयौं दिनदेखि टिकट नपाएर सुर्खेत एयरपोर्टमा अलपत्र परेकाहरू मेरो आँखै अगाडि थिए ।

यतिसम्म सामन्ती परम्परा मैले यसअघि अनुभवै गरेकी थिइनँ ।

कालो बादलमा चाँदीको घेरा भनेझैं गरिबी, अशिक्षा, भोक, रोग, रुढीवाद र सामन्ती संस्कारले थिलथिलो पारेको जुम्लालाई प्रकृतिले भने आफ्नो झोली नै फुकाइदिएकी छन् । यहाँ बहुमूल्य यार्चागुम्बा छ । गुची च्याउ छ । जडिबुटी चिया छ । पाँचऔंले छ । रातो चामल छ । र, अरू थुप्रै प्राकृतिक जडिबुटी छन्, जुन हाम्रा अज्ञान आँखाले ठम्याउन सकिरहेका छैनन् ।

यार्चागुम्बा त जुम्लाको सुन भइहाल्यो । यसमा सरसापटै चल्छ । यार्चाको मौसम आएपछि तिरौंला भनेर ऋण लिने चलनै छ । यसो गर्दा बजार भाउ पाउन गाह्रो हुँदोरहेछ । एक त्यान्द्रो यार्चालाई ४७ रुपैयाँ हालेर मैले नै किनें । गुची च्याउ पनि सानो टुक्राकै १० देखि १५ रुपैयाँ पर्दोरहेछ । यही च्याउ

नेपालगन्ज पुग्दासम्म किलोको १० हजार, दिल्लीमा १५ हजार र जापानमा २० हजार रुपैयाँ पर्छ भनेर स्थानीयहरू भन्थे। यसको स्वाद निकै मिठो लाग्यो मलाई। तरकारी खाए हुने, चाउचाउमा मिसाए पनि हुने। बाले जुम्लाको रातो चामलको खुब कुरा गर्नुहुन्थ्यो। संसारकै उच्च ठाउँमा फल्ने यो चामलको भात जुन दिन खाएँ, मलाई एक इन्च बढेको महसुस भयो।

केटाकेटी छँदा जाडो छल्न चितवन आएका भोटिनीहरूले एक/दुई रुपैयाँ पर्ने गुलियो-गुलियो खानेकुरा बेचेको मलाई सम्झना आउँछ। 'सिलाजित' भन्दै खान्थ्यौं हामी। जुम्लामा त्यसको वास्तविक गुण देखेर म छक्क परेँ। ढुंगाको पहाड रसाएर आउने यसको एक थोपाले एक गिलास दूध कालो बनाइदिँदो रहेछ। गन्ध भने कडा लाग्यो मलाई।

यतिका खुबी छन्, जुम्लामा। तैपनि हामी यसको चर्चा किन गर्दैनौं? किन खालि जुम्लाका नराम्रा कुरा बाहिर आउँछन्, राम्रा कुरा दबिएरै बस्छन्। किन हामी सगरमाथा र लुम्बिनीमा मात्र देशको गौरव खोज्छौं? के यार्चागुम्बा हाम्रो गौरव होइन? जुम्लाको जडिबुटीखानी अरबको तेलखानी जत्तिकै बहुमूल्य छैन र?

जुम्लामा हामी बाहिरबाट आएकालाई छेड हान्दै भन्ने गरिन्छ, 'जाउँला जुम्ला, ल्याउँला कुम्ला।' हामी काम गर्न होइन, पैसा कमाउन आएका हौं भन्ने उनीहरूको आशय हो। त्यतिखेर मसँग जवाफ थिएन। आज भन्छु, म बिचरीले जुम्लाबाट के कुम्ला बोकेर ल्याउँला र? जब सिंगो देशकै निम्ति नोट फलाउन सक्ने जुम्ला हेपिएर, पिल्सिएर, थिचिएर बसेको छ। जुन दिन जुम्लाका पैसाखानीको उत्खनन् हुनेछ र नोट बर्सिन थाल्नेछ, त्यो दिन ममात्र होइन, मेरो प्यारो जुम्लाबाट देशैले कुम्ला बोकेर ल्याउला।

यो मेरो आशा होइन, विश्वास हो।

किनकि, जतिजति यहाँ बस्दै गएँ, जतिजति भिज्दै गएँ, त्यतित्यति मलाई बोध भयो, जुम्ला गरिब भनेको त कहाँ पाएर गरिब हुनु? यो त धनी हो, नेपालकै धनी।

बा र मैले देखेको जुम्लामा फरक यत्ति छ, हामी केही नभएर गरिब भएका थियौं। जुम्ला सबथोक भएर पनि गरिब छ। यो कस्तुरी मृगजस्तै हो, जसले आफ्नो नाभीको बासना खुट्ट्याएको छैन।

जुन दिन खुट्टिन्छ, म मेरी छोरीलाई भन्नेछु, 'बुझ्यौ, हामीभन्दा धेरै धनीहरू जुम्लामा बस्छन्।'

जुम्लाले मेरो जीवनलाई नयाँ दिशा दियो।

नयाँ सपना देखायो।

र, त्योभन्दा बढी, घरबाट कोसौं टाढा रहेर पनि घरलाई नै बिर्साउने माया दियो।

भनिन्छ, घर र होटलमा एउटा कुरा फरक हुन्छ। होटलमा चौरासी व्यञ्जनै खाए पनि मन भोकै रहन्छ। घर जति दरिद्र होस्, मन अघाउँछ।

मैले सानैदेखि बुझेको यो भेद जुम्लामा गएर मेटियो।

म विजयनगरको एभरेस्ट होटलमा बस्थेँ। काठमाडौंको पाँचतारे होटलसँग नाउँ जुधेकाले हामी यसलाई 'जुम्लाको पाँचतारे होटल' भनेर ठट्टा गर्थ्यौं। खालि नाउँ मिल्दैमा यी दुई होटलबीच तुलना हुने कुरै भएन।

काठको भऱ्याङ थियो। उक्लँदा र ओर्लंदा ढ्वाङ-ढ्वाङ थर्किने। कोठाहरू साना-साना थिए। दिसापिसाब गर्न बाहिर निस्कनुपर्थ्यो। राति जाडोले धेरैचोटि खपेरै बसेकी छु। चर्पी पनि आधुनिक होइन। गहिरो खाल्डो खनेर बनाएको। भुइँ र भित्तामा भने खस्रो गरेर सिमेन्ट लगाइएको थियो। खानाचाहिँ मिठो खुवाउँथ्यो। सरसफाइ पनि राम्रै थियो। तर, सुविधा, स्वाद र सरसफाइले मात्र कुनै पनि होटललाई राम्रो वा नराम्रो बनाउने हैन रहेछ। होटललाई राम्रो वा नराम्रो बनाउने त होटलवालाको मनले रहेछ।

एभरेस्ट होटलका सुनील दाइ र गोमा भाउजू मलाई साहुजी-साहुनीजस्तो कहिल्यै लागेन। आफ्नै दाइ-भाउजूजस्तो। वा, त्योभन्दा बढी। उहाँहरूका

चारजना छोराछोरी थिए। सबै 'फुपू-फुपू' भन्दै मेरो पछि लाग्थे। म गइसकेपछि गोमा भाउजूकी भाउजूले छोरी पाउनुभयो। मसँग निकै ज्याम्मिन्थ्यो त्यो बच्चा। बेलुकी मेरो स्वर सुन्नेबित्तिकै तोतेबोलीमा लाडिँदै काखमा लुट्पुटिन आइपुग्थ्यो। हजुरआमाले पनि माइती आएकी नातिनीजस्तै मेरो ख्याल राख्नुभयो। म छोरी मान्छे एक्लै बसेको देखेर हो कि, मेरो निम्ति खुबै सुर्ता मान्नुहुन्थ्यो।

'यो लडाइँका बेला के गर्छु भनेर घर छोडेर हिँड्यौ नानी?' उहाँ कहिलेकाहीं भन्नुहुन्थ्यो, 'तिमीलाई डर लाग्दैन?'

'तपाईंहरूसँग बस्दा मलाई के के डर हजुरआमा,' म उहाँको कुरा त्यसै टारिदिन्थैँ।

एउटा पारिवारिक घन्चमन्चबीच बसेकीले मलाई होटलमा छु भन्ने अनुभवै भएन। घरमै बसेजस्तो लाग्यो। घरकै खाएजस्तो लाग्यो।

म अफिसका साथीहरूलाई खाना, चिया, कफी खुवाउन ल्याइरहन्थैँ। सुर्खेत, बर्दिया र काठमाडौंतिरका भाइबहिनी क्वार्टरमा एक्लै बस्थे। उनीहरूलाई कहिलेकाहीं आफूसँग सुत्न ल्याउँथैँ। मैले ल्याउने पाहुनालाई उहाँहरू आफ्नै पाहुनासरह माया गर्नुहुन्थ्यो। चित्तबुझ्दो मान्छे भने हुनुपर्थ्यो। यसको कारण उहाँहरूको मन सानो भएर होइन। जिल्लामा माओवादी लडाइँका घटना बढ्दै गएकाले जो पायो त्यसलाई भर गरिहाल्ने समय नै थिएन। बुझेर, पारख गरेरमात्र संगत गर्नुपर्ने। नभए घरि सेनाले ऱ्याखऱ्याख्ती पार्ने डर, घरि माओवादी लडाकुको लठारो।

महिला विकासकी जानकी दिदी कहिलेकाहीं मकहाँ बस्न आउनुहुन्थ्यो। पछि उहाँ सरुवा भएर जानुभयो। महत गाउँकी एकजना सिस्टर पनि आइरहन्थिन्। उनको श्रीमान् राजनीति गर्थे। प्राय: घरबाहिरै रहने। छोराछोरी थिएनन्। बिचरीलाई घरमा बोल्ने मान्छे नै कोही थिएन। मसित स्वभाव मिल्थ्यो। सँगै बस्दा खुसी हुन्थिन्। द्वन्द्वको बेला चिसो मन लिएर कोठामा धुमधुमती एक्लै बस्नु परेन।

उनले पनि। मैले पनि।

जाडो याममा मलाई नुहाउन, चर्पी जान र लुगा धुन तातो पानी नभई हुन्थेन। बाल्टीमा पानी थापेर राख्यो भने रातभरिको चिसोले बरफ जमिसकेको हुन्थ्यो। तातो पानीले बरफ पगालेपछि मात्र पानी प्रयोग गर्न सकिन्थ्यो। गोमा भाउजू सधैं मलाई पानी तताएर दिनुहुन्थ्यो। म पनि उहाँलाई भान्छाका काममा सघाइदिन्थैं। बिहान उठेर चिया पकाउँथैं। उहाँहरूलाई थर्मसमा राखिदिन्थैं। तरकारी काटिदिन्थैं। बिहान-बेलुकीको समय व्यस्त रहन अरू पनि सक्नेजति काम गरिदिन्थैं। विस्तारै हामीबीच घरायसी कुराकानी हुन थाल्यो। बाबुको अत्याचार, मामा-माइजूको शोषण, घरको बुहार्तन र गरिबीको पराकाष्ठाबारे उहाँले मनभरिको कुरा मसँग बाँड्नुभयो। उहाँको हँसिलो अनुहारपछाडि कति दुःख गाँठा परेका रहेछन् भन्ने मैले त्यतिखेर चाल पाएँ।

जिन्दगीभरि असह्य पीडाको भारी बोक्नुपरेकैले होला, यहाँका मान्छे उमेर नपुग्दै बूढाबूढी हुन्छन्। अहिले पनि कर्णालीको औसत आयु ३७ वर्ष हो। धेरैजना योभन्दा कम बाँच्छन्। दुःखको पहाडले मुटु जति थिच्छ, अनुहार उति मुजा परेर आउँदो रहेछ। गोमा भाउजूको हालत त्यस्तै थियो।

मैले उहाँलाई सक्षम बनाउन थरिथरिका सीप सिकाएँ। पढ्नलेख्नमा रुचि राख्नुहुन्थ्यो। म कोठामै छु भने होटलका कामबाट फुर्सत् चोरेर आइहाल्नुहुन्थ्यो। र, कखरा पढ्न थाल्नुहुन्थ्यो। नयाँ अक्षर सिकेको दिन म उहाँको अनुहारमा उज्यालो चमक देख्थैं। उहाँको खुसी देखेर मेरो मन त्यसै भरिएर आउँथ्यो। सोच्थैं, यस्ता कति तारा चम्किनुअघि नै अस्ताए होलान् जुम्लामा!

फेरि सोच्थैं, यो माओवादी लडाइँले त झन् धेरै तारा उदाउनै पाएनन्।

म एभरेस्ट होटलको बसाइबाट खुसी थिएँ। सन्तुष्ट थिएँ। कहिलेकाहीं स्वाभाविक रूपमा मन उकुसमुकुस हुन्थ्यो। तर, डरचिन्ता केही थिएन।

एकदिन अचानक काठमाडौं अफिसको प्रशासन शाखाबाट खबर आयो- 'तिमी यो होटलमा नबस्नू। कि अस्पतालको क्वार्टरमा गएर बस्नू, वा अन्त कोठा खोज्नू।'

मैले कारण सोधेँ ।

'तिमी बसेको होटल जिल्ला प्रहरी कार्यालय नजिक छ, खतरा हुनसक्छ,' उनीहरूले आफ्नो सुरक्षा विश्लेषण सुनाए, 'माओवादीले सबैतिर प्रहरी कार्यालय र आर्मी क्याम्पमै आक्रमण गरिरहेका छन् । यहाँ पनि गरे भने एभरेस्ट होटललाई कुनै न कुनै रूपमा क्षति पुग्नसक्छ । माओवादीले आक्रमणकै निम्ति होटल प्रयोग गर्न सक्छन् ।'

पहिलोचोटि मेरो आङ सिरिंग भयो ।

❑❑

तीन

त्रासमा जिन्दगी

'तिमी प्राविधिक मान्छे, उनीहरूका लागि धेरै काम लाग्छौ । जिल्लाभरिमा तिमीमात्र यस्ती छौ, जसबाट उनीहरूले धेरै फाइदा लिन सक्छन् ।'

गोमा भाउजूले त मलाई सतर्क गराउन भन्नुभएको थियो । तर, उहाँको यो खबरदारीले मेरो मनमा खैलाबैला मच्चियो । राति कोठामा एक्लै छु भने मनमा नानावली कुरा खेल्न थाल्थे । बाहिर खिस्रिक्क केही भयो कि निद्रा टुट्थ्यो ।

माओवादी द्वन्द्व चुलिएकै बेला २०५८ असारमा जुम्ला उक्लेकी हुँ म । काठमाडौंमा छँदा पनि माओवादीले कहिले कहाँ गोली हान्यो, कहिले कहाँ बम पड्कायो भन्ने खबर रातदिन अखबारमा पढेकै हुँ । साथीहरूले माओवादीको डर देखाएर जुम्ला नजान सल्लाह दिएकै थिए । यी सबै जान्दाजान्दै जुम्ला आएँ । अब डराउनुको कुनै अर्थ थिएन । म सकभर आफ्नो मन दह्रो पार्थें । तर, टाढाबाट द्वन्द्वको खबर सुन्नु र त्यसलाई नजिकबाट भोग्नुमा ठूलो अन्तर हुँदोरहेछ । खबरले एकछिन अत्याउँछ, आफू त्यही खबर बनिएला कि भन्ने डरले रातदिन अत्याउँदोरहेछ ।

जुम्ला आएदेखि द्वन्द्वको धेरैथोरै प्रभाव मैले देख्न थालिसकेकी थिएँ । काठमाडौंमा अखबार पढेर कल्पना गरेभन्दा निकै बढी असुरक्षित लाग्यो मलाई यहाँको माहौल ।

सुरुमा त कोही खुल्दैनथे । केही भन्दैनथे । उनीहरू सोच्दा रहेछन्, चितवनबाट आएकी केटी मान्छे, यस्तो दुर्दशामा कति दिन टिकेर बस्न सक्छे र ! एकदिन जागिर छाडेर गइहाल्छे । मैले आफूबारे यस्तो सोच्ने सबैलाई

गलत साबित गरिदिएँ। मेरो लगन र काम गर्ने शैली देखेर विस्तारै सबैले पत्याउन थाले।

र, मसँग पनि आफ्ना त्रासका कुरा बाँड्न थाले।

म उही मान्छेलाई एकै दिन दुईथरि मनोदशामा भेट्थेँ। प्राय: धनी र बाहिरबाट आएका कर्मचारी नियमित रूपमा चन्दननाथ बाबाको मन्दिर दर्शन गर्न जान्थे। उनीहरू एकाबिहानै मन्दिर जाँदा फुर्तिला हुन्थे। अनुहारभरि बिहानीको कान्ति छाएको हुन्थ्यो। जति दिन ढल्दै जान्थ्यो, सबै गलेझैं लाग्थे। अनुहारमा रातको अन्धकार छाउन थाल्थ्यो। तीनचार नबज्दै सरकारी कर्मचारी घर छिर्न हतारिन्थे। सम्साँझै दोकानका ढोका ढप्काइन्थे। सडकमा मान्छे कम, कुकुरहरू बेसी दौडिन थाल्थे। सहरमा कर्फ्यु लाग्नु सामान्य थियो। नलागेको बेला पनि सहर अघोषित कर्फ्युमै हुन्थ्यो।

माओवादी आक्रमणका घटना हामी दिनदिनै नयाँनयाँ ढंगमा सुनिरहेका हुन्थ्यौं। जिल्ला प्रशासन, प्रहरी र सेनासँग सम्पर्क भएकाहरूले दिनहुँ नयाँ खबर ल्याइरहन्थे। भौतिक कारबाहीमा परिने डरले राजनीतिक नेता र ठूला व्यापारी प्राय: जुम्ला बस्न छाडिसकेका थिए। कहिलेकाहीं कसैलाई सुइँको नदिई सुटुक्क आउँथे। दुईचार दिनमा कामकुरो निखनेर सुत्त फर्किहाल्थे।

अलिकति नाम चलेका स्थानीय नेताहरू सधैं एकै घरमा बस्थेनन्। कहिले छिमेकी, कहिले नातेदर त कहिले साथीभाइकहाँ घर फेरिफेरि सुत्थे। एकै ठाउँमा सुते माओवादीले थाहा पाउलान् वा कसैले चुक्ली लगाइदेलान् कि भन्ने डर हुन्थ्यो रे। मैले अफिसबाट फर्कदा धेरैचोटि स्थानीय नेताहरूलाई बेलुकीको खानाको पोको बोकेर हतारिँदै घर फेर्न हिँडेको भेटेकी छु।

म आफैं पनि राति सुत्दा बाहिर हिँड्दाखेरि लाउने लुगामै हुन्थेँ। माओवादीहरू अपहरण गर्न आए वा आक्रमण गरे लुगा लगाइवरी ढोका खोल्ने समय हुन्थेन। सल्लाको फलेकले बनेको कमजोर ढोका थियो। मै एक मुड्कीले फोड्न सक्छु कि जस्तो लाग्थ्यो। माओवादी लडाकुको त झन् के कुरा गर्नु? यस्तोमा म एक्ली केटी मान्छेलाई रातको कपडामा देखे अर्थोकै दुर्घटना पनि हुनसक्छ भनेर घरबेटी दाजु-भाउजूले नै राम्ररी लुगा लगाएर सुत्ने सल्लाह दिनुभएको थियो।

मलाई थाहा थियो, यो एउटा मनको सन्तोषमात्र हो। जुन दिन माओवादीले आक्रमण गर्लान्, म कसैगरी बच्न सक्छु कि सक्दिनँ मैलाई थाहा थिएन।

सुरक्षाका कारण बजारमा कपडाको जुत्ता किन्न मनाहीजस्तै थियो, माओवादीले प्रयोग गर्छन् भनेर। कसैले आफ्नै लागि किनेको छ भने पनि माओवादीको निम्ति किनिदिएको हो कि भनेर शंकाले हेरिन्थ्यो। बिस्कुट, चाउचाउजस्ता तयारी खानेकुरा किन्दा परिवार संख्या खुलाएर अड्कली-अड्कली किन्नुपर्ने चलन थियो। परिवारको आवश्यकताभन्दा बेसी किने जिल्ला प्रशासन कार्यालयलाई स्पष्टीकरण दिनुपर्थ्यो। भोजभतेरको निम्ति किन्नुछ भने जिल्ला प्रशासनसँग अनुमति लिनुपर्थ्यो।

हामीले अपरेसन कक्ष बनाउन सुरु गरेका थियौं। सामान किन्न अस्पतालको सिफारिसमा जिल्ला प्रशासन र सेनाको अनुमति लिनुपऱ्यो। सुरक्षित मातृत्व कार्यक्रमको सामान भएकाले अनुमति लिन अप्ठेरो परेन। सर्वसाधारणलाई भने निकै गाह्रो हुन्थ्यो।

सुर्खेत र नेपालगन्जतिरबाट आएका हरेक व्यक्तिले आफ्ना सरसामान प्रहरी, सशस्त्र र सेनाका विभिन्न तहमा छुट्टाछुट्टै जाँच गराउनुपर्थ्यो। जुम्लीको क्रयशक्ति नै कति छ र? के नै किनेर ल्याउँछन् र उनीहरूले? त्यही सामान पनि सुरक्षाकर्मीले बाटोमै मिल्काइदिएको मैले देखेकी छु। म बस्ने होटल जिल्ला प्रहरी कार्यालयबाट ५० मिटरमात्र टाढा छ। झ्यालबाटै सबथोक देख्थें म – प्रहरीको सुरक्षा सतर्कता र त्यही सतर्कताका नाममा निर्दोष जनतामाथि गरिएको अत्याचार।

सुरक्षाकै कारण उपस्वास्थ्य चौकीहरूमा हामीले औषधि पुऱ्याउन सकेका थिएनौं। माओवादीले प्रयोग गर्लान् कि भन्ने डरले अत्यावश्यक औषधिहरूको आपूर्ति पनि रोकिएको थियो। प्रशासनले नै चाहिने औषधिहरू अड्कलेर पठाउने गर्थ्यो। त्यो पनि जिल्ला स्वास्थ्य कार्यालयले लाख बिन्ती गरेपछि मात्र। उपस्वास्थ्य चौकीमा काम गर्ने स्वास्थ्यकर्मी भने 'आधारभूत औषधि पनि छैन, कसरी बस्ने' भन्दै दिनरात किचकिच गरिरहन्थे।

उनीहरूको गुनासो पनि ठिक हो। एउटा टाटो (सिटामोल चक्की) पनि नभएपछि कसरी उपचार गर्नु? स्वास्थ्यकर्मी भनेका जादूगर त हैनन् नि, जो

जादूको छडी घुमाएर छुमन्तर गर्दै रोग निको पार्न अघि सर्छन् । यति हुँदाहुँदै उनीहरूले तारन्तार किचकिच गर्नुमा माओवादी दबाब एउटा मुख्य कारण हुन्थ्यो नै । लडाकुहरू आएर 'फलानो औषधि चाहियो' भन्दै धम्की दिएपछि दिनरात उनीहरूकै बीच काम गर्नुपर्ने स्वास्थ्यकर्मीले कसरी टार्नु? उनीहरू बाध्य भएर औषधि पठाइदिन अनेक बहाना गर्थे । केही सीप नलागे खुसुक्क भन्थे, 'माओवादीले जसरी पनि ल्याउनू भनेको छ, नपठाई भएन ।'

हामी कुरा बुझिहाल्थ्यौं । अर्को उपाय थिँदा पनि थिएन । कि त स्वास्थ्य चौकीमै ताल्चा मारेर बस्नुपर्‍यो, हैन भने माओवादी बन्दुकको नालतिर सोझिएका सहकर्मीलाई जानाजान मारिन कसरी दिनु?

प्रशासनको कर्तव्य र स्वास्थ्यकर्मी साथीहरूको बाध्यताबीच चेपुवामा पर्दा म भावविह्वल हुन्थैं । कहिलेकाहीं आक्रोशित पनि भएँ ।

सुरक्षित मातृत्व कार्यक्रमको निम्ति तालिम आयोजना गर्दा त्यस्तै समस्या पर्थ्यो । थालनी वर्ष भएकाले गाउँगाउँमा काम गर्ने स्वास्थ्यकर्मीलाई डाकेर विभिन्न तालिम दिइरहनुपर्थ्यो । त्यस्तो द्वन्द्व र असुरक्षाको माहौलमा कसरी डाक्ने? उनीहरू जुन तरिकाले सदरमुकाम आइपुग्थे, त्यो सुन्दा मलाई बेकारमा बोलाएछु भनेर पछुतो लाग्थ्यो । त्यसबेला राजमार्गमा बसयात्रा गर्दा जति कष्ट सहनुपर्थ्यो, त्योभन्दा लाख गुणा गाह्रो हुन्थ्यो जिल्ला सदरमुकामबाट गाउँ आउजाउ गर्न ।

तरबारको धारमा हिंडे बराबर ।

सुरक्षा निकायसँग डराउनुपर्ने, माओवादीसँग पनि डराउनुपर्ने । सदरमुकाममा सुरक्षा निकायले नाम दर्ता गर्थ्यो, गाउँमा माओवादीले । दुवै तर्फकाले सुराकीको शंकामा सोधपुछ गर्न सक्थ्यो । कुटपिट गर्न सक्थ्यो । गिरफ्तार गर्न सक्थ्यो । बेपत्ता पारेर मार्न पनि सक्थ्यो । त्यही भएर धेरैचोटि स्वास्थ्यकर्मी साथीहरूले भनेका छन्, 'दिदी, हामीलाई तालिममा नबोलाउनुस्, सदरमुकाम आउन विदेश जानुभन्दा गाह्रो छ ।'

हुन पनि सदरमुकाम आउनुछ भने विदेश जाँदा भिसा लिएजस्तो माओवादीसँग अनुमतिपत्र लिनुपर्थ्यो । केही गरेर त्यो पत्र सुरक्षा निकायको हात परे एउटा

यस्तो सरकारी गोलचक्करमा फसिन्थ्यो, जसको कुनै निकास हुँदैनथ्यो । सुरक्षा निकायले सुराकी गर्न आएको शंकामा तुरुन्तै पक्राउ गरिहाल्थ्यो । साथीहरू भन्थे, 'हामी सदरमुकाम छिर्नुअघि बाटोमा कुनै ढुंगा वा रुखको छेउछाउ आफूले चिन्ने संकेत बनाएर अनुमतिपत्र लुकाएर आउँछौं । अनि फर्कनेबेला लिएर जान्छौं । केही गरी ठाउँ बिर्सियो वा हावापानीले नष्ट पारेछ भने गाउँ पुगेपछि माओवादीको कुटाइ खानुपर्छ, ज्यानकै खतरा हुनसक्छ ।'

यस्तो कुरा सुनीसुनी नाथे तालिमको निम्ति कसरी उनीहरूको ज्यान जोखिममा पारिदिनु ?

अलि गम्भीर बिरामी परे माओवादीहरू नै सर्वसाधारणका रूपमा अस्पताल आउँथे । अनुहार हेरेर खुट्याउन सक्ने कुरा भएन । हामी उपचार गर्दिन्थ्यौं । छुट्टिनेबेला पाखुरा खुस्केलाझैं दह्रोसँग झट्कारेर हात मिलाएपछि मात्र थाहा हुन्थ्यो, ए यी त माओवादी रहेछन् ! त्यसपछि चाहिँ सेनाले दु:ख देलान् कि भन्ने चिन्ता सुरु हुन्थ्यो । यस्तायस्तै कारणले मेरा धेरै स्वास्थ्यकर्मी साथी हिरासतमा थिए । केही विस्थापित भए । कतिचोटि त म आफैं सैनिक र माओवादी घेरामा परेकी छु ।

एकचोटि सुरक्षित मातृत्व तालिम दिँदै गाउँ घुमिरहेको बेला माओवादी कार्यक्रम भइरहेको ठाउँमा पुगिएछ । उनीहरूले तुरुन्तै मलाई घेरिहाले ।

'म त नर्स हुँ, तालिम दिँदै हिँडेकी,' मैले बारम्बार भनें, 'केही छैन मसँग ।'

उनीहरूले मेरो कुरा सुन्दै सुनेनन् । सबै सामान खोजतलास गरे । औषधिबाहेक केही पाएनन् । अनि 'पैसा भए पनि ले' भन्न थाले । मसँग पैसा पनि कहाँ थियो र ?

त्यसपछि उनीहरूले आफ्नो कार्यक्रममा बोल्न कर गर्न थाले । मैले भनें, 'अरू केही बोल्न आउँदैन, सुरक्षित रूपमा कसरी सुत्केरी गराउने भन्ने जानेकी छु, त्यही बोलुँ ?'

उनीहरूले साफ हकारे ।

चार घन्टा घेरेर राखेपछि बल्लतल्ल छाडे ।

गाउँ घुम्दा एकातिर माओवादीको जोखिम मोल्नुपर्थ्यो भने घुमेर फर्किसकेपछि सेनाले च्याखच्याख्ती पार्थ्यो । एकचोटि त्यस्तै भयो ।

झ्म्के साँझ परिसकेको थियो । म अस्पतालको बरन्डामा थिएँ । एक्कासि सेनाको फौज आएर अस्पताल क्षेत्रलाई तीन घेरा हाल्यो ।

'तपाईंलाई मेजर साहबले बोलाउनुभएको छ ब्यारेकमा,' एकजना सैनिक आएर भन्यो ।

'किन जाने?' मैले सोधेँ ।

'मेजर साहब बिरामी हुनुहुन्छ ।'

म दुविधामा परेँ । अलिअलि आत्तिएँ पनि । तै साहस गुमाइनँ ।

'बिरामी हुनुहुन्छ भने यहीँ ल्याउनुस्, ब्यारेकमै उपचार गर्न सामान हुँदैन, यहाँ राम्ररी जाँच्न सकिन्छ,' मैले भनेँ, 'अर्थोक हो भने पुर्जी ल्याउनुस्, पुर्जी नभइकन त म जाँदै जान्न ।'

गाउँ-गाउँ डुलिहिँड्ने हुँदा मसँग माओवादीका महत्त्वपूर्ण सूचना छन् भनेर आएका रहेछन् । झन्डै एक घन्टा केरकारपछि मात्र मैले मुक्ति पाएँ ।

यस्तो थियो हाम्रो हालत ।

लडाइँ जति चर्किँदै गयो, सदरमुकाम खलंगा बजारमा केटाकेटी खेलेको, दगुरेकोभन्दा प्रहरी र सेनाले गस्ती गरिरहेको बढी देखिन थाल्यो । स्कुलका घन्टी सुनिन छाडे । बरु दुईचारवटा बम पड्केको र नजिक कतै गोली चलेको आवाज कानलाई अभ्यस्त हुँदै गयो । चन्दननाथ बाबाको मन्दिरमा दियो धिपधिप हुँदै गइरहेको थियो । तिला नदीपारि बोहोरा गाउँमा राँके जुलुस निस्केको भने दिनहुँ देखिन्थ्यो ।

त्रास कतिसम्म गडेको थियो भने, राति वा दिउँसो ड्यांग आवाज सुनिए बम पड्कियो कि भनेर बच्चादेखि बूढासम्म सबै झस्कन्थे । झ्यालढोका खोल्दा क्वाइइइइ आवाज आए पनि कान ठाडा हुन्थे । जात्रा-बिहेमा बाजागाजा गर्नुपरे

प्रशासनको अनुमति लिनुपर्थ्यो । यस्ता उत्सव गर्दा कर्फ्यु अगाडि नै भ्याउनू भन्ने प्रशासनको आदेश हुन्थ्यो । साउने संक्रान्तिमा राति घरको छाना वरिपरि तिहारजस्तै बत्ती बाल्ने चलन छ । त्यो पनि प्रशासनले गर्न नदिएर हामी दिउँसै बाल्ने गर्थ्यौं ।

दुईचारजना सँगै हिँड्न वा भेला हुन त प्रतिबन्धजस्तै थियो । सेना वा प्रहरीले देख्यो भने लामै केराकार चल्थ्यो । सुरक्षाकै कारण अस्पतालमा बिरामी ल्याउनधरि समस्या पर्न थालिसकेको थियो । बिरामी सिकिस्त छ भने प्रहरीलाई खबर गरेर उनीहरूकै निगरानीमा अस्पताल ल्याउनुपर्थ्यो । यस्तो नियमले कतिपय बच्चाको जन्मनै नपाई मृत्यु भएका उदाहरण छन् ।

हरेक दिन आगोको मुस्लोजस्तो खबर उड्थ्यो- खलंगा बजारमा आक्रमणको तयारी हुँदैछ रे । घरैपिच्छे एकजनालाई माओवादीले लग्ने रे । घाइते लडाकु ओसार्न दिनरात डोको बुनिँदैछ रे । कहिले बंकर खनिसकेको हल्ला आउँथ्यो । कहिले माओवादी फौज तातोपानीसम्मै आइपुगिसक्यो भन्ने सुनिन्थ्यो ।

यस्तो लाग्थ्यो, खलंगा बजारमा बसिरहेका हामी सबै आगोको भुंग्रोमाथि छौं । एकएक सास गनिरहेका छौं । एकएक ढुकढुकी नापिरहेका छौं । एकचोटि मर्न बरु सजिलो हुन्छ होला । पलपल मर्न निकै गाह्रो हुँदो रहेछ । हरेक मान्छेलाई भेट्दा हाम्रो मन वसन्तको फूलजस्तो फक्रिन्थ्यो, ए यो त अहिलेसम्म जीवितै रहेछ ! कसैलाई दुईचार दिन देखिएन भने त्यही मन हिउँदको फूलजस्तो ओइलाउँथ्यो, बिचरा कतै दोहोरो फायरिङमा परेर मारियो कि !

सुत्नुअघि 'शुभ रात्रि' भन्नुको छुट्टै महत्त्व हुन्थ्यो, जुन मैले न त्यसअघि, न त्यसपछि महसुस गरें । के थाहा, भोलि बिहान देख्न पाइने हो कि होइन ?

र, प्रत्येक बिहान सकुशल ब्युँझेपछि हामी फेरि एकअर्कालाई हेर्थ्यौं । मायालु पाराले सुम्सुम्याउँथ्यौं ।

अनि फिस्स हाँस्दै भन्थ्यौं, 'बधाई छ, आजलाई बाँचियो ।'

२०५८ मंसिर ८ गते ।

माओवादीले दाङ आक्रमण गऱ्यो । सदरमुकाम घोराहीको सैनिक ब्यारेकमा हानेर माओवादीले सेनाविरुद्ध पहिलो हमला छेडेको थियो । एक मेजरसहित १५ सैनिक र सात प्रहरी मारिएको खबर आयो । करिब ४० जना घाइते भएछन् । सातजना माओवादीको ज्यान गएछ । सैनिक ब्यारेकबाट ठूलो परिमाणका हातहतियार र गोलीगठ्ठा कब्जा गर्न माओवादी सफल भएछन् ।

माओवादीको यो हमलापछि देशमा संकटकाल लागु भयो । मलाई अघोषित रूपमा काठमाडौं झिकाइयो ।

त्यसबेला म एमए समाजशास्त्रको जाँच दिने तर्खरमा थिएँ । सबै विषयमा राम्रो तयारी गर्न भ्याएकी थिइनँ । परीक्षाकै लागि भनेर बिदा लिन खोजिरहेकी थिएँ । पाएकी थिइनँ । काठमाडौं आएको मौकामा एउटा विषयको जाँच दिएर बाँकी अर्को वर्षलाई थाती राख्ने निर्णय गरेँ ।

कीर्तिपुर केन्द्रमा पहिलो परीक्षा दिएँ ।

त्यहीबेला जुम्लामा भिडन्त भएको खबर आयो । सिन्हाचौरमा माओवादीले बम पड्काएछ । सेनाले अपराह्न ४ बजदेखि रातभरि जवाफी फायरिङ गर्दा दुईजना सर्वसाधारणको ज्यान गएछ । अफिसले सुरक्षाको कारण देखाउँदै मेरो फर्कने कार्यक्रम साऱ्यो । यसले मलाई फाइदै भयो । त्यही वर्ष सबै विषयको जाँच दिएँ । पास पनि भएँ ।

केही दिनपछि जुम्ला फर्कंदा मलाई मान्छे पहिलेभन्दा निस्सासिएको र चिस्सिएको अनुभव भयो । अघिल्लो भिडन्तको असरले हुनसक्छ, सबैका आँखामा मृत्युको डर नाचिरहेको पाएँ । कसैको कसैमाथि भरोसा थिएन । नयाँ अनुहार देख्यो कि शंकाले हेर्नुपर्ने । माओवादीका नाममा सेनाले वा सैनिक सुराकीका नाममा माओवादीले दुःख दिने हो कि भनेर सबैजना तौलीतौली बोल्न थालेका थिए । पहिले मसँग रूयाम्मिने पनि अलि टाढिन खोजेको भान भयो ।

सानो छँदा बाले जुम्लाको कथा नभनी मलाई निद्रा पर्थेन । जुम्ला आएपछि भने गोली चलेको वा बम पड्केको आवाज कानमा नपरेसम्म निद्रा लाग्न छाड्यो । संकटकाल लागेदेखि नै हामी जुम्ला बस्नेलाई गोली र बम पड्कनु

भनेको सहरतिर गाडीको हर्न बज्नुजत्तिकै सामान्य हुन थालेको थियो। अन्ततिरका दुर्गमबासीलाई पनि यस्तै भएको हुँदो हो।

सेनाले साँझ वा रातितिर कहिले आधा घन्टा, कहिले एक घन्टा, अनि कहिले दुईतीन घन्टाको फरकमा मेसिनगन र लन्चर फायरिङ गर्थ्यो। माओवादी छेउछाउ आइपुगेका छन् भने तर्साएर भगाउन रे। दिनहुँको फायरिङबाट हामी त तर्सिन छाडेका थियौं भने माओवादी के तर्सियून्?

कहिलेकाहीं फायरिङ ढिला भयो वा भएन भने हामीलाई के नपुगे, के नपुगेजस्तो हुन्थ्यो। सधैं केटाकेटीको ज्याउँज्याउँमा बस्ने बानी परेकालाई उनीहरू मामाघर गएका बेला जस्तो सुन्ने हुन्छ, ठ्याक्कै त्यस्तै हुन्थ्यो हामीलाई। एक दिन गोली चलेन वा बम पड्केन भने न्यास्रो लागेर आउँथ्यो। 'हैन आज के भयो ब्यारेकमा' भनेर आपसमा कुरा गर्थ्यौं। कतै सेनाले तर्साउनुअघि नै माओवादी आएर ज्यापक्कुप पारिसके कि भन्ने डर लाग्थ्यो। जबसम्म गोली र बमका आवाज हाम्रा कानमा पर्थे, हामीलाई लाग्थ्यो सेना सुरक्षित छ। अनि जबसम्म सेना सुरक्षित छ, हामी ठान्थ्यौं, हामी पनि सुरक्षित छौं।

नर्सिङमा पढेकी थिएँ, कसैलाई निदाउन गाह्रो हुन्छ भने संगीत सुने सजिलै निद्रा पर्छ। मलाई निद्रा नलाग्ने रोग थिएन। यहाँ आएर गोलीको आवाज नसुनी निदाउनै नसक्ने बानी भयो। यसलाई मैले 'म्युजिकल साउन्ड फर स्लिपिङ' (संगीत सुन्दै सुत्ने) नाउँ दिएकी थिएँ। अस्पतालका साथीहरू सुनेर हाँस्थे। उनीहरूलाई त्यस्तै हुँदो रहेछ।

हाम्रा कान यति अभ्यस्त भइसकेका थिए, आवाज सुनेरै माओवादीले पड्काएको हो कि सुरक्षा निकायले भनेर छुट्ट्याइदिन्थ्यौं। सुरक्षा निकायमा पनि सेनाको गोली हो कि प्रहरीको, सहजै भन्न सक्थ्यौं। राति आ-आफूले गरेको अनुमान भोलिपल्ट साथीभाइसँग बाँड्थ्यौं। आफ्नो कान कत्तिको पोख्त भइसकेछ भनेर जाँच्थ्यौं।

प्याट्ट-प्याट्ट आवाज सुनियो भने जिल्ला प्रहरी कार्यालयतिर वा गस्तीमा हिँडेका प्रहरीले 'थ्री नट थ्री' राइफल चलाए भन्थ्यौं। प्रहरीसँग योबाहेक अर्को

हतियार देखिन्थेन । टर्र...टर्र गरेर पाँच/दस पटक एकोहोरो आवाज आयो भने मेसिनगन चल्यो भन्थ्यौं । आवाजसँगै थर्र घर थर्क्यो वा छेउछाउका डाँडाकाँडै पहिरो गएजस्तो भयो भने लन्चर हानेको थाहा हुन्थ्यो । पहिलोचोटि आवाज आएपछि एकछिन डरले कालोनिलो हुन्थ्यौं । त्यसपछि त फेरि अर्को आवाज कहिले आउला भनेर कुरी बस्थ्यौं । कहिलेकाहीं घरबाहिर छौं भने खुर्र कुदेर भित्र छिर्थ्यौं र काना ठाडा पारेर आवाज सुन्न थाल्थ्यौं ।

रातिको बेला घरबाहिर हुनलाई एउटै काम पर्नुपर्थ्यो- चर्पी जाने । घरभित्रै चर्पी विरलै थियो । कोही-कोही बाहिर जान डराएर कोठाभित्र कोपरामै गरिदिन्थे । खासगरी बूढाबूढी र बच्चाहरू । यसको निम्ति जर्किन काटेर कोपरा बनाइएको हुन्थ्यो ।

राति कर्फ्यु कडा हुँदै गएपछि चर्पी जानलाई पनि बाहिर निस्कन नपाइने भयो । सेनाले पूरा गाउँ नै झलमल्ल पार्नेगरी लाइट बाल्न थाल्यो । नजिकका गाउँमा माओवादी गतिविधि छ कि छैन हेर्नुपर्‍यो, डाँडाहरूमा आगोको संकेत देखियो, माओवादी जिन्दावादका नारा सुनियो वा माओवादी कार्यक्रम हुन लागेको सुराकी आयो भने यस्तो लाइट बालिन्थ्यो रे । कहिलेकाहीं लाइटको उज्यालोसँगै रटटटट फायरिङ हुन्थ्यो । माओवादी चिन्न लाइट बालेका सेनालाई गाउँलेको छिटपुट हिँडडुलले समस्या भएछ । उनीहरूले भने, 'मान्छे चिन्न गाह्रो भयो, राति कुनै हालतमा बाहिर ननिस्कनू । चर्पीको बन्दोबस्त भित्रै गर्नू ।'

चर्पीको बन्दोबस्त त के हुन्थ्यो, बरु खपेरै भए पनि बाहिर निस्कन छाड्यौं ।

उज्यालो प्रकाशकै बीच सैनिकहरू गुर्र गस्तीमा निस्कन्थे । बुट बजेको सुन्नेबित्तिकै हामी आ-आफ्नो मुटु बजाउँदै एक डल्लो भएर गुट्मुटिन्थ्यौं । बाहिरै छौं भने भित्र छिरिहाल्थ्यौं । हतारहतार झ्यालढोकाका चुकुल लगाउँथ्यौं । अनि सानो टुकी बालेर बस्थ्यौं । कहिले त त्यो पनि नबाली अँध्यारोमै बस्थ्यौं ।

अँध्यारो हाम्रो जिन्दगीको हिस्सा बनिसकेको थियो ।

सुरक्षा खतरा बढ्दै गएपछि हाम्रोजस्तो संस्था र कूटनीतिक विभागहरूले एकीकृत सुरक्षा नीति अपनाउन थाले । नेपालगन्जमा तीनदिने सुरक्षा तालिम

आयोजना गरियो। एकजना बेलायती विज्ञ जुम्लामै तालिम दिन आए। नयाँ सुरक्षा निर्देशिकाहरू बनाइए। सबै कर्मचारीको घर वा डेराको टेलिफोन नम्बरसहित नक्सा तयार पारियो। फिल्डमा खटिने सुरक्षा संयोजकले स्याटलाइट फोन पाए, जसको नम्बर हामी सबैलाई थाहा दिइएको थियो। कसैको ज्यान जोखिममा छ भने अवस्था हेरेर हेलिकोप्टर भाडामा लिएर भए पनि अन्यत्र सार्ने व्यवस्था भयो। दुर्घटनामा परेर अंगभंग भए वा ज्यानै गुमाए १६ लाख रुपैयाँ बराबर दुर्घटना बिमा गरियो।

मलाई भने यी चाँजापाँचो देख्दा दुःख लाग्थ्यो। हाँसो पनि उठ्थ्यो। सोच्थैं, द्वन्द्वको कारण नखोतली हामी सतही कुरामै भुलिरहेका त छैनौं? हामीजस्ता विकासकर्मीले माओवादी लगायत सबै स्थानीयसँग हेलमेल बढाएर आफ्ना कार्यक्रम गर्दै जाने हो कि, स्थानीय र आफूबीच सुरक्षा पर्खाल खडा गर्ने? ज्यान गुमिहाल्यो भने १६ लाख रुपैयाँको के मोल र? यस्तायस्तै तर्कना मेरो मनमा खेलिरहन्थे।

मन अस्थिर थियो। जुम्ला अस्थिर थियो। मेरो देशै अस्थिर थियो।

यता हामी विकासकर्मी सुरक्षा साङ्लोभित्र खुम्चिँदै गएका थियौं, उता माओवादीले अर्को ठूलो हमला गर्‍यो।

२०५८ फागुन ४ गते।

दाङ हमलाबाट सुरिएका माओवादीले अछामको मंगलसेन जिल्ला प्रहरी कार्यालय र सैनिक ब्यारेकमा हमला गरी ५२ सैनिक र ८५ प्रहरीको ज्यान लिएको समाचार आयो।

काठमाडौं अफिसबाट चिठी आयो मेरो नाममा। लेखिएको थियो- 'एभरेस्ट होटल छोडेर तुरुन्त अर्को ठाउँमा सरिहाल्नू। नत्र केही भइहाल्यो भने कार्यालय जवाफदेही हुने छैन र दुर्घटना बिमाको रकम दिन बाध्य हुने छैन।'

मेरा कन्सिरीका रौं तातेर आए।

के म आफ्नो ज्यानको ग्यारेन्टी अफिसले लिइदिएको छ भनेर ढुक्क हुँदै यहाँ आएकी हुँ र? द्वन्द्व होस् कि नहोस्, कसको ज्यानको ग्यारेन्टी कसले लिन सक्छ? त्यत्तिकै ठूलो कुरा गरेर 'केही भइहाले कार्यालय जवाफदेही हुने छैन' भनेर कसरी भन्न सकेको? म आफैं खोजीखोजी एभरेस्ट होटलमा बस्न आएकी पनि हैन। अरू ठाउँभन्दा यही होटल सुरक्षित हुन्छ भनेर पहिले उनीहरूले नै भनेका हुन्।

मलाई लाग्यो, यहाँ हामी द्वन्द्वको बीचमा अनवरत खटिएकैले त काठमाडौंमा बस्नेहरूले राष्ट्रिय/अन्तर्राष्ट्रिय रूपमा नाक ठाडो गर्न पाएका छन्। त्यसबापत् उनीहरू के/के सुविधा लिन्छन्, हामी दुर्गममा बस्नेलाई अत्तोपत्तो हुन्न। हामी सुरक्षा निकाय र माओवादीको अचानो बन्दै कस्तो हविगतमा काम गरिरहेका छौं भन्ने उनीहरूलाई थाहै छ। काठमाडौं बस्ने प्रायःले एक न एकचोटि जुम्ला टेकिसकेका छन्। नटेके पनि दिनहुँ अखबार र टेलिभिजनमा यताका डरलाग्दा खबर आउँदा आँखा चिम्लँदैनन् होला। कान थुन्दैनन् होला। अनि सबै परिस्थितिको ज्ञान हुँदाहुँदै मसँग सरसल्लाह नै नगरी कसरी एकाएक यस्तो निर्णय लिन सकेको? आखिर म पनि त देशकै लागि भनेर, यही कार्यक्रमलाई निरन्तरता दिन भनेर घरबाट हिँडेकी हुँ नि। मेरो यो समर्पणको कुनै मोल छैन?

यस्ता कुरा सम्झिल्याउँदा मेरो मन विरक्तिन्थ्यो।

मान्छे जब त्रासमा हुन्छ, उसलाई घर चाहिन्छ। घरमा भौतिक सुरक्षा नहोला, तर परिवारको मायाले यस्तो कर्णकवचको काम गरिरहेको हुन्छ, जसलाई अर्जुनको वाणले पनि भेदन गर्न सक्दैन। हिंसा र त्रासले बेचैन मन स्थिर राख्न र हरेक दिन छिन्नभिन्न हुने आत्मविश्वास एकत्रित पार्न मलाई त्यस्तै कर्णकवचको खाँचो थियो।

सुनील दाइ, गोमा भाउजू, हजुरआमा र केटाकेटीबाट पाएको पारिवारिक मायाले मलाई जुम्लामा टिकिरहन आड दिन्थ्यो।

जुन दिन सुनील दाइ सम्साँझै रक्सी खान थाल्नुहुन्थ्यो, म बुझिहाल्थैं, अब उहाँ मलाई गाली गर्नुहुन्छ। गाली गर्नुको कारण अरू केही होइन, माओवादीको

त्रास नै थियो। उहाँ मेरो सुरक्षालाई लिएर चिन्तित रहनुहुन्थ्यो। सधैं भन्नुहुन्थ्यो, 'जुम्लीहरूलाई परिवर्तन गर्छु भनेर नसोच नानी। बजारमै बसेर खुरुखुरु जागिर खाऊ, जाऊ। गाउँगाउँ डुलेर माओवादीसँग जोरी खोज्ने काम नगर।'

म उहाँको कुरा मान्दिनथेँ।

काठमाडौं अफिसले पनि मलाई खलंगा बजारबाट बाहिर नजानू भनिरहेकै थियो। म छक्क पर्थें। गाउँमा काम गर्न आएको मान्छे बजारमै बसेर के गर्नु? सदरमुकाममै खुम्चिएर बस्नुभन्दा त काठमाडौं फर्किनु बेस भन्ने लाग्थ्यो।

'समस्या गाउँमा छ, बजारमा बसेर के गर्नु,' म सुनील दाइ र काठमाडौं अफिस दुवैलाई एउटै जवाफ दिन्थेँ, 'म त जान्छु। हेरुँ न के गर्दा रहेछन् माओवादीले।'

'के गर्छन् नि, काट्छन् तिम्लाई,' दाइ तर्साउन खोज्नुहुन्थ्यो।

'काटे काटोस्, म डराउँछु र,' म भन्थेँ।

गोमा भाउजू पनि दाइलाई नै साथ दिनहुन्थ्यो। रातिराति मेरो कोठामा आएर आँखाभरि आँसु पार्दै सम्झाउनुहुन्थ्यो। कहिलेकाहीं उहाँको मन राख्न त्यसै भन्दिन्थेँ, 'म जान्नँ भाउजू।'

भोलिपल्ट उहाँहरूलाई थाहै नदिई गाउँतिर हिँडिदिन्थेँ।

संकटकाल चर्किएदेखि मलाई माओवादीका नाममा तारन्तार धम्की आउन थालेका थिए। तालिम भत्तालाई लिएर पनि धम्की आउँथे। दिनभरि तालिममा नआउने, एकैचोटि बेलुकी आएर हाजिर गर्ने, अनि भत्ता बुझ्ने चलन रहेछ। कोही त घरमै बसीबसी हाजिर गरेर भत्ता लिन खोज्थे। यसो गर्नेहरू प्राय: ठूलाबडामा गनिएका नै हुन्थे। मैले यस्तो हुन दिइनँ। बिहानदेखि बेलुकीसम्म तालिममा बस्नेलाई मात्र भत्ता दिने नियम लागु गरेँ। वर्षौंदेखिको अनियमितता तोड्न खोजेकीले म धेरैको आँखी बनेकी थिएँ। उनीहरू नै 'हामी माओवादी हौं' भन्दै टेलिफोन गरेर धम्क्याउँथे। कहिले 'खुरुक्क भत्ता नदिए माओवादी लगाइदिन्छौं' भन्दै थर्काउँथे।

सुनील दाइसँग यही विषयमा मेरो कुरा काट्दा रहेछन् । 'तिम्रो घरमा बस्ने केटीलाई सम्झाइदिनू, नभए राम्रो हुन्न' भन्थे रे ।

माओवादीका नाममा चन्दा माग्न पनि थुप्रै आउँथे । पैसा माग्थे । औषधि माग्थे । म नमिल्ने काम छ भने जतिसुकै दबाब आए पनि गर्दिनथेँ । आफू नियम-कानुनमा बसुन्जेल कसैले केही गर्न सक्दैन भन्नेमा ढुक्क थिएँ । यो मैले बाबाटै सिकेको गुण हो । सुनील दाइ भने डराउनुहुँदोरहेछ । ठिकै हो । बहिनीलाई डरधम्की आएपछि कुन दाइ चिन्तित हुँदैन र? अनि बहिनीको सुरक्षाको निम्ति कुन दाइले सम्झाउन खोज्दैन र?

सुनील दाइ त्यस्तै हुनुहुन्थ्यो । खालि रक्सी नखाई मसँग ठूलो स्वरमा कुरा गर्न सक्नुहुन्नथ्यो । म भने उहाँ जतिसुकै चर्किए पनि सुने/नसुन्यै गरिदिन्थेँ । उहाँले रक्सी खाएको साँझ सकभर आँखैअगाडि पर्थिनँ । अस्पतालबाट फर्किएपछि 'टाउको दुखेको छ' भनेर खुरुक्क कोठामा गएर बसिदिन्थेँ ।

एकदिन एउटा छलफल सकेर अफिस कोठामा पुगेकी थिएँ । टेबलमा मेरो नामको चिठी रहेछ । लेखिएको थियो- 'धेरै जान्ने हुने होइन, २४ घन्टामा जुम्ला नछाडे भौतिक कारबाही गरिनेछ- माओवादी ।'

मैले यो चिठीबारे कसैसँग कुरा गरिनँ । त्यसको दुईतीन दिनपछि होटलको रिसेप्सनमा फोन आयो । मैल उठाएँ । उताबाट कसैले चिठीकै बेहोराको धम्की दिन थाल्यो । त्यहीबेला सुनील दाइले माथि कोठाको 'एक्सटेन्सन लाइन' बाट मलाई आएको धम्की सुनिरहनुभएको रहेछ ।

त्यसपछि त दाइभाउजू र हजुरआमाले झन् बढी सुर्ता मान्न थाल्नुभयो । म उहाँहरूकै करकापले बाटोपारिको छुट्टै होटल-कोठा छाडेर वारि परिवारसँगै बस्न थालैँ । बेलुकी घर नफर्किएसम्म हजुरआमा पिँढीमै बसेर मेरो बाटो हेरिरहनुहुन्थ्यो । मलाई देखेपछि केही नबोली सुरुक्क माथि उक्लनुहुन्थ्यो । घर आइपुग्न अबेर भयो भने सुनील दाइ आफ्ना केटाकेटीलाई बाटोतिर हेर्न पठाउनुहुन्थ्यो । कहिलेकाहीं केटाकेटी अस्पतालसम्मै लिन आइपुग्थे । दाइ आफैं पनि मलाई हेर्न थाहा नपाएजस्तो गरी बाटोतिर डुलिरहेको म देख्थेँ । मुखले भने केही नभन्ने । म घरतिर आइरहेको देखेपछि सुरुक्क फर्किनुहुन्थ्यो ।

घरकाले जत्तिकै माया गर्ने एभरेस्ट परिवारको यस्तो आडलाई म कुनै हालतमा छाड्नेवाला थिइनँ ।

काठमाडौं अफिसबाट चिठी आइरहन्थ्यो । म चुपचाप उत्तर नदिई बस्थेँ । अस्पताललाई पनि जानकारी गराइनँ । घरमा त भन्ने कुरै भएन । यत्रो जोखिम छ भन्ने थाहा पाए, एभरेस्ट होटल त के, खलंगा बजार, जुम्ला जिल्ला र कर्णाली अञ्चलमै बस्न दिने थिएनन् घरकाले ।

एकचोटि बिदामा घर जाँदा ठूली दिदीलाई भेट्न गएकी थिएँ । दिदीले घर छाडेर जुम्ला गएकोमा गुनासो गर्नुभयो ।

'फोन छैन, टाढा छ, गाडी पनि चल्दैन, रातदिन माओवादी आक्रमण, अपहरण, हत्याका खबर सुनिन्छ, किन जानुपर्‍यो त्यस्तो ठाउँमा,' उहाँले भन्नुभयो ।

मैले बाको कुरा सम्झाएँ ।

'बाले तँलाई मर्न जा भन्नुभएको थियो र?' उहाँ झर्किनुभयो, 'शान्ति भएपछि जालिस् नि, म रोक्छु र?'

मैले उहाँको कुरा टेरिनँ । 'यो मेरो काम हो दिदी,' भनें, 'खुरुखुरु आफ्नो काम गर्नेलाई केही हुन्न ।'

'पर्‍या छैन त्यस्तो काम गर्न,' उहाँ त एकैचोटि जंगिनुभयो, 'तँलाई खान पुग्या छैन र, यस्तो काम गर्नलाई । खान पुग्या छैन भए भन्, म तँलाई खान पुग्ने पैसा कुखुरा पालेरै दिन्छु ।'

दिदीले त्यसबेला कुखुरापालन गर्न थाल्नुभएको थियो । उहाँ मेरो भविष्यलाई लिएर चिन्तित हुनुहुन्थ्यो । यस्तोमा तर्क/बितर्क गरेर उहाँलाई जित्ने गुन्जायसै थिएन । मैले ठट्टा गर्दै भनें, 'तपाईंको कुखुरा चाहिया छैन, बरु मलाई केही भइहाले १६ लाख रुपैयाँको दुर्घटना बिमा आउँछ, त्यसले तपाईं नै कुखुरा किनेर पाल्नू ।'

यति भन्नै भ्याएकी थिइनँ, दिदीले मकैको भुत्लासँगैको घोगा मतिर झटारो हान्नुभयो ।

मैले छलैं।

उहाँका आँखाबाट धरधर्ती आँसु चुहिरहेका थिए। मैले नजिक गएर उहाँलाई अंगालो मारैं।

'किन डराउनुहुन्छ दिदी, क्यै हुन्न मलाई,' म उहाँलाई फकाउन थालैं।

उहाँ केही बोल्नुभएन। खालि रोइरहनुभयो।

मेरा पनि आँखा रसाए।

म आफ्ना प्रियजन्को आँसुमा टेकेर बाले कोरिदिनुभएको गोरेटो हिँड्दै यहाँसम्म आइपुगेकी थिएँ। पछाडि हट्ने कुरै थिएन। जुम्लामा टिकेर बस्न एभरेस्ट होटलमा पाएको पारिवारिक मायाको सहारा नभई हुन्थेन। त्यसमाथि काठमाडौ अफिसले जुन सुरक्षाको कारण देखाउँदै मलाई कोठा सर्न भनिरहेको थियो, त्यही सुरक्षाका कारण पनि सर्नुहुँदैन भन्ने मलाई लाग्यो। कुनै स्थानीय परिवारको शक्ति आफूसँग भए मात्र बलियो भइन्छ। कसैले अनाहक प्रश्न उठाउने र आक्रमण गरिहाल्ने हिम्मत गर्न सक्दैन। यो ठाउँ छाडेर अन्त जाँदा त्यहाँ सुरक्षित हुन्छु भन्ने ग्यारेन्टी पनि त केही थिएन।

यी सबै कुरा बुझाउँदा-बुझाउँदै काठमाडौ अफिसको एकोहोरो धम्कीपूर्ण व्यवहारले कहिलेकाहीं निराश हुन्थैं। निडर पनि भएँ।

मैले एभरेस्ट होटल छाड्दै छाडिनँ।

धेरैपछि काठमाडौं जाँदा प्रशासनका कर्मचारीले सोधे, 'अहिले कहाँ छ तपाईंको डेरा?'

मैले हाँसेर जवाफ दिएँ, 'नआत्तिनुस्, दुर्घटना बिमा दाबी गर्ने छैन मेरो परिवारले।'

चार

पुनर्जन्म

२०५८ भदौ पहिलो सातातिर मानवअधिकारवादीहरूको एउटा जम्बो टोली जुम्ला आइपुग्यो। टोलीमा नेपाल मानव अधिकार संगठनका अध्यक्ष सुदीप पाठक पनि हुनुहुन्थ्यो।

उहाँहरू एभरेस्ट होटलमै बस्नुभएको थियो। पाहुनाहरूसँग मेरो खासै कुराकानी हुन्थेन। उहाँहरू म पहिले बस्ने होटल-कोठामा बस्नुहुन्थ्यो। म सुनील दाइको परिवार बस्ने घरमा सरेकी थिएँ। सुदीपजीसँग भने पहिल्यै चिनजान भएकाले एक साँझ जुम्लाको सुरक्षा स्थितिबारे सोधेँ।

त्यसबेला दाङ र अछाम हमलापछि माओवादीले जुम्लालाई निशाना बनाउँदैछ भन्ने खबर बाक्लिएरै आउन थालेको थियो।

'माओवादीले लक्ष्य गरेका १० जिल्लामध्ये सिन्धुली, ओखलढुंगा, अर्घाखाँची, दाङ, अछाम र स्याङ्जामा आक्रमण गरिसके,' उहाँले भन्नुभयो, 'अब जुम्लाको तयारी गर्दैछन् रे। वार्ताको पहल भइरहेको छ।'

'मिल्छ भने तलतिर झरे हुन्छ,' उहाँले सतर्क गराउनुभयो।

मन चिसो भएर आयो।

सोचेँ, म त यहाँको मान्छे होइन, तलतिर झरुँला। सुनील दाइ, गोमा भाउजू, हजुरआमा र केटाकेटी त यहीँका हुन्। उनीहरू कहाँ जाने?

फेरि खतरा कहाँ छैन? माओवादी द्वन्द्वले सिंगो देशै खतरामा छ। के अब देशै छाडेर जानू त?

मनमनै ठानेँ, म कतै जान्नँ। के-के होला, हेर्दै जाउँ न।

कात्तिक २५, २६ र २७ गते माओवादीले 'नेपाल बन्द' घोषणा गरेको थियो ।

खलंगा बजारभरि गाइँगुइँ हल्ला चल्न थाल्यो । एकथरि भन्थे, नेपाल बन्दमा आक्रमण हुन्न । अर्काथरिको तर्कमा, यो त उनीहरूको तयारीको समय हो, यही बेला आक्रमण हुनसक्छ ।

म भाइटीकाको पर्सिपल्ट सुर्खेतबाट जुम्ला उक्लेकी थिएँ । यसपालि कात्तिकमै हिउँ पर्न थालिसकेछ । करिब २० वर्षपछि यति छिटो हिउँ परेको रे । हिमपातका बेला माओवादी आक्रमण नहोला कि भन्ने आस जागेर आयो । 'हिउँको बाटो हिँड्न गाह्रो हुन्छ,' स्थानीयहरू भन्थे, 'यस्तो बेला माओवादीले कसरी आक्रमण गर्ला र?'

मैले पनि त्यही सोचेँ ।

कात्तिक २८ गते 'परिवर्तनका लागि आधारशीला' कार्यक्रम अनुगमन गर्नु थियो । प्रमुख जिल्ला अधिकारी (सिडिओ), स्थानीय विकास अधिकृत (एलडिओ), डिएसपी लगायत जिल्लाका गन्यमान्य व्यक्ति सहभागी हुँदै थिए । सहजकर्ता मै थिएँ ।

एभरेस्ट होटलको पारिपट्टि घरको बरन्डामा कार्यक्रम भयो । हामी समूह-समूहमा बाँडिएर काम गरिरहेका थियौं । म, सिडिओ दामोदर पन्त, डिएसपी बिजेश्वर घिमिरे र एलडिओ हरि वशिष्ठ लगायत केही बाहिर छतमा बसेर खाजा खाँदै योजना बनाउँदै थियौं ।

पन्तजीले अस्पतालमा एउटा प्रतीक्षालय बनाउने प्रस्ताव राख्नुभयो । फेरि उहाँले नै भन्नुभयो, 'जिउज्यानको सुरक्षा भए यस्तो काम त कत्ति गर्न सकिन्थ्यो । के गर्नु, सुरक्षाको कामले छिनछिनमा टेन्सन हुन्छ ।'

बोल्दाबोल्दै उहाँ गम्भीर हुनुभयो ।

मैले उहाँको अनुहार पढेँ । अलि बढी नै सकसमा हुनुहुन्छ जस्तो लाग्यो ।

कार्यक्रम सकियो । सबै घर फर्के । म भोलिपल्ट बिहानै सुर्खेत झर्न लागेकी थिएँ । कर्फ्यु लाग्ने बेला भइसकेको थियो । जुम्लाबाट बाहिर जानुपर्दा

म हुलाकीको काम गर्थें। चिठीपत्र, सामान वा पैसा आफैं लिएर जान्थें। अरूको पनि केही पुऱ्याउनु छ भने लगिदिन्थें। त्यही भएर हतारहतार अस्पतालतिर लागें।

सुर्खेतमा कार्यक्रम निधो भइसकेकाले जानैपर्ने थियो। अस्पतालका साथीहरू भने रिसाइरहेका थिए। म सुर्खेत जाने भनेपछि दाइभाउजू र केटाकेटी पनि निराश हुन्थे। मैले के काममा, कति दिनलाई जान लागेको सबैलाई बताएँ।

अस्पतालमा छुट्टिने बेला साथीहरूले मन गह्रौं पार्दै भने, 'शुभयात्रा।'

मेरो मन किन हो किन, त्यति खुसी थिएन। त्यसै-त्यसै आत्तिरहेको थियो। तैपनि मुखले 'धन्यवाद, काम सकेर आइहाल्छु' भनें।

घर फर्केपछि परिवारसँग बसेर खाना खाइयो।

हामी खाना खाइरहेकै थियौं, करिब सवा ८ बजेतिर ड्यांग आवाज आयो। निकै ठूलो थियो आवाज। अलि टाढाबाट आएझैं लाग्थ्यो।

'आज त टाढा पो पड्काएछन् त,' मैले भनें।

हामीले कुराकानी लम्बाउन चाहेनौं। खुरुखुरु खाना खायौं। र, सधैंझैं टेलिभिजन अगाडि झुम्मियौं। त्यतिबेला खलंगा बजारमा 'नेपाल टेलिभिजन' भर्खरै टिप्न थालेको थियो। अञ्चल प्रहरी कार्यालयसँगै टेलिभिजनको टावर राखिएको थियो। खासै सफा भने आउँथेन। त्यस रात त झन् बढी झ्यारझ्यार भइरहेको थियो। दुईतीनटा अनुहार जोडिएर आउँदा चिन्नै गाह्रो।

समाचार आइरहेको रहेछ। हेऱ्यौं। वा यसो भनौं, आँखा अन्त डुलाउँदै रेडियोजस्तै आवाजमात्र सुनिरह्यौं। म र भाउजू टेलिभिजन हेर्दाहेर्दै भुइँमै ढुकाएछौं। एकछिनमा ब्युँझियौं। राष्ट्रिय गीतरू आइरहेका रहेछन्।

'जहाँ छन् बुद्धका आँखा
स्निग्ध, शान्त र सुन्दर
त्यहाँ छ शान्तिको क्षेत्र
मेरो राष्ट्र मनोहर'

यो गीतमा जुम्ला, सिन्हाचौरको दृश्य रहेछ। भाउजू टेलिभिजनतिर इसारा गर्दै चिच्याउनुभयो। परिचित ठाउँ भएकाले मैले चिनिहालेँ।

हामी सबैको अनुहार हँसिलो भएर आयो।

रातको दस बजिसकेको थियो। मलाई आफ्नो कोठामा जान मन थिएन। तर, जानैपर्थ्यो। रातभरि त्यहीं बसिरहन पनि त भएन। त्यसमाथि भोलिपल्ट बिहानै सुर्खेत जानुछ।

मन नलागी-नलागी उठेँ। पिसाब च्यापिरहेको थियो। कर्फ्यु लागेको भए पनि बाहिर निस्कँ। दाइभाउजू र मेरो कोठाको बीचमा खुला बरन्डा थियो। उहाँहरूले म बाहिर निस्कन लागेको देख्नुभयो। दाइले भित्रैबाट हप्काउनुभयो। म जवाफै नफर्काई तल झरेँ। यसअघि पनि कर्फ्यु लाग्दा चर्पी जान बाहिरै निस्कने गर्थें। त्यस दिन किन हो, डर लाग्यो। हतारहतार पिसाब फेरेँ। दुइटा सिँढी एकैचोटि फड्किँदै माथि उक्लेँ। कोठाभित्र छिरेँ। खाटमा बसेँ। कान चनाखो पारेर चारैतिर डुलाएँ। एकोहोरो कुकुर भुकेको आवाजमात्र आइरहेको थियो। अरू सन्याकसुरुक केही थिएन। बन्दुक वा बम पनि कतै पड्केको सुनिन्थेन।

मन ढुक्क भयो।

एउटा किताब उठाएँ। खाटमा पल्टेर पढ्न थालेँ।

दुईचार पाना पढेकीमात्र थिएँ, हाम्रो चर्पी भएको ठाउँतिर सन्याकसन्याक मान्छे हिँडेको आवाज आयो। कसैले खोकेजस्तो पनि लाग्यो।

त्यसपछि किताबमा पटक्कै ध्यान गएन। दाइभाउजूको कोठातिर कान थापेँ। केही सुनिएन। सबैतिर सामसुम्म छ। मुटु ढुकढुक गर्न थाल्यो। उठेँ। किताब त्यत्तिकै तकियामाथि राखेँ। खाटमा टुक्रुक्क बसेँ। को होला बाहिर? यो कर्फ्युमा को हिँडिरहेको होला? भर्खरै त्यहाँबाट आएको! केही थिएन! गस्तीमा हिँडेका प्रहरी हुन् कि? कतै माओवादी त आएनन्?

यस्तायस्तै प्रश्न खेलाइरहेकी थिएँ, एक्कासि पर्र मेसिनगन चलेको आवाज आयो। एकदमै नजिकबाट। आफ्नै टाउकोमाथि गोली बर्सिएजस्तो लाग्यो।

हतारहतार बत्ती निभाएँ ।

त्यसबेला जाडो बढेकाले म दुइटा कम्मल र दुइटा सिरक प्रयोग गर्थे । कम्मल ओछ्याउँथेँ, सिरक ओढ्थेँ । म दुइटै सिरक च्यापेर खाटमा पल्टिएँ । मनमा कुरा खेल्न थाल्यो, यो हिजोअस्तिको जस्तो आवाज हो कि, साँच्चिकै भिडन्त ?

सोच्न भ्याएकै थिइनँ, कानको जाली नै फुट्लाजस्तो फायरिङ सुरु भयो । सैनिक ब्यारेकबाट पनि जवाफी फायरिङ हुन थाल्यो । पर्र ... पर्र । चारैतिरबाट आवाज आएको आयै ।

माओवादीले हमला गऱ्यो भन्नेमा अब कुनै शंका रहेन ।

यस्तोमा खाटमाथि बस्दा खतरा हुन सक्थ्यो । बलियो भित्ताको आड लागेर बस्नुपर्छ भन्ने सुरक्षा तालिममा सिकेकी थिएँ । तर, मलाई खाटबाट उठ्न मन लागेन । जे गरे पनि घरमा बम ठोक्कियो भने कुनै हालतमा बाँचिदैन भनेर ढुक्क थिएँ । त्यसैले, डरले थुरथुर भएर कछुवाले झैं टाउको लुकाउनुभन्दा निडर भएर भिडन्तको एकएक आवाज सुन्न थालेँ । बरु सिरकले गम्लंग मुख छोपेकी थिएँ, मानौं त्यसले बम र गोली नै छेक्नसक्छ । सुरक्षा निकाय र माओवादीतर्फबाट एकोहोरो लन्चर हानेको हान्यै भइरहेको थियो । घरको छतमाथि आगोको मुस्लो घरि यताबाट भुर्र उता जान्थ्यो, घरि उताबाट भुर्र यता आउँथ्यो । म कान चनाखो पारेर सबथोक अनुभव गरिरहेकी थिएँ ।

बाहिर 'अरुण... अरुण...' भन्ने आवाजसँगै लगातार फायरिङ भइरहेको थियो । एकछिनमा विस्तारै सेलायो । लन्चर हान्न पनि बन्द भयो । पाट्टपुट्टमात्र आवाज आयो । त्योचाहिँ प्रहरीले गोली हानेको आवाज होला भन्ने लाग्यो । फेरि एकैचोटि 'अरुण... अरुण...' भन्ने आवाज आयो । अनि तीव्र फायरिङ सुरु भयो । छतमाथि आगोको मुस्लो यताबाट उता, उताबाट यता उड्न थाल्यो ।

को होला त्यो अरुण भनेको ? कमान्डर होला ? मेरो मनमा यस्तै प्रश्न खेलिरहेका थिए । झ्यालबाट चियाउने त कुरै आएन । गोलीको आवाजले म अनुमानसम्म लगाउन सक्थेँ, बाहिर फाँटभरि भिडन्त भइरहेको छ । भीषण भिडन्त ।

मेरो कोठा बाटोपट्टि फर्किएको थियो। जिल्ला प्रहरी कार्यालयको ढोकातिर। दुईवटा ठूला झ्याल थिए। झ्यालको बीचमा भित्ता थियो। हाँडीमा मकै पड्किएझैं भित्ता र छानाभरि भुटुटुटु गोली पड्किरहेका थिए। भित्तै छेडेर गोली आउला कि जस्तो भयो।

पहिले आक्रमणको हल्लाले मेरो मन जति आत्तिएको थियो, आक्रमण भइसकेपछि त्यति आत्तिएन। आत्तिएर के गर्नु? जसरी हुन्छ सुरक्षित भएर बस्नुको विकल्प थिएन। तर, दिमाग शून्य थियो। कुनै जुक्ति आइरहेको थिएन। जे पर्ला, पर्ला भनेजस्तो भयो।

मेरो कोठाको दाहिनेपट्टि बरन्डाको छेउमा भानु देवकोटाको कोठा थियो। उनी श्रीमती र छोरासँग बस्थे। त्यस दिन एक्लै रहेछन्। भानुसँग अरू बेला खासै कुराकानी हुन्थेन। बाटोमा देखिए खिस्स हाँस्नेमात्र। असिना बर्सिएजस्तो गोली बर्सिन थालेपछि बिचरा खुब डराएछन्। डर र रुवाइ मिश्रित स्वरमा 'राधा दिदी, राधा दिदी' भनेर बोलाए।

मैले उनको आवाज त सुनेँ, तर जवाफ दिन मन लागेन। उनी मसँग सहयोग मागिरहेका छन् भन्नेचाहिँ राम्ररी नै थाहा भयो। बरन्डापारिबाट सुनील दाइ पनि 'राधा, राधा' भनिरहनुभएको थियो। मैले उहाँलाई पनि जवाफ फर्काइनँ। चुपचाप पल्टिरहेँ।

त्यत्तिकैमा सुनील दाइ मेरो ढोका ढक्ढकाउनै आइपुग्नुभयो।

मैले ढोका उघारेँ। उहाँले मलाई तानेर बाहिर निकाल्नुभयो। हाम्रो आवाजले भानु पनि बाहिर निस्के।

जुनेली रात थियो। बाहिर बरन्डाबाट देखेँ, सिडिओ अफिसदेखि हामी बस्ने घरसम्म मान्छेको ठूलो हुल रहेछ। सलह बगेजस्तो देखिन्थ्यो, माओवादी फौज। एक लहर हुर्र अघि बढ्थ्यो, अर्को लहर पछ्याउँदै आउँथ्यो। त्यसको पछाडि फेरि अर्को लहर। चारैतिर गोली र बमको आवाजमात्र सुनिँदै थियो। गोली चल्दा बन्दुकबाट छुट्ने आगोका झिल्काले मेरा आँखा तिरमिर भए।

दाइले मलाई आफ्नो कोठाभित्र हुल्नुभयो। भित्र भाउजू हुनुहुन्थ्यो, अनुहार कालोनीलो पारेर खाटमा बसिरहनुभएको। रुनु त भएको थिएन, तर निकै त्रसित देखिनुहुन्थ्यो। मसिनो स्वरमा भन्नुभयो, 'अब हामी बाँच्दैनौं राधा।'

मलाई त्यस्तै लागेको थियो। केही बोलिहाले रुवाबासी चल्ने हो कि भन्ने डर थियो। त्यसैले, चुप्पै बसेँ।

तीनजना केटाकेटी भुइँमा लस्करै सुतिरहेका थिए। मैले दाइभाउजूलाई गाली गर्दै उनीहरूलाई खाटमा कुनापट्टि सार्न लगाएँ। कोठाको त्यही एउटा कुनो अलि बलियो थियो। ढुंगा र माटोको पर्खाल लगाएको। झ्याल नभएको।

हजुरआमा र ठूलो छोरालाई नदेखेर आत्तिँदै सोधेँ, 'हजुरआमा र बाबु खोई त?'

उनीहरू दुवै भुइँतलामा सुत्थे। तलै रहेछन्। यत्रो ठूलो काण्डमा बिचरी बूढी मान्छे र सानो बच्चा एक्लै परेछन्। ओहो, कति आत्तिए होलान् दुवै! मलाई त सम्झँदै कहाली लागेर आयो।

अघिदेखि 'राधा दिदी, राधा दिदी' भनिरहेका भानु भाइचाहिँ दाइभाउजूको कोठाभित्र छिर्नेबित्तिकै सरासर खाटमुनि घुस्रेछन्। हामीलाई पनि खाटमुनि डाक्दै थिए। म र दाइ मानेनौं। घरमा बम पर्‍यो वा आगो सल्कियो भने खाटमुनि भए पनि, माथि भए पनि बाँच्ने सम्भावना थिएन। भानुको ओठमुख सुकेको सजिलै थाहा हुन्थ्यो। मुख बाक्लो थुकले च्यापच्याप्ती भएको सुनिन्थ्यो। बोल्दा पनि ओठ बजेको प्याकप्याक आवाज आइरहेको थियो। डरले हो कि जाडोले, उनी थरथर कामिरहेका थिए। मलाई उनको हालत देखेर माया लागेर आयो।

'सिरक दिऊँ,' मैले सोधेँ।

उनले 'नाइँ' भने।

'पानी खान्छौ त?' फेरि सोधेँ।

उनले 'पर्दैन' भने। खालि खाटमुनि कामेर बसिरहे।

दाइ एकनासले छटपट-छटपट गरिरहनुभएको थियो। उहाँ म र भाउजूको खुट्टातिर बस्नुभएको थियो। कहिले झ्यालका कापबाट बाहिर चियाउनुहुन्थ्यो। कहिले हामीसित सोध्नुहुन्थ्यो, 'अब के गर्ने?'

भाउजू त सास दबाएर खाटमा पल्टिनुभएको थियो। केही बोल्नुभएन। मैले पनि के गर्ने भन्नु र? कुनै बिरामीलाई उपचार गर्नुपरेको भए पो यसरी गर्ने भनुँ?

बिरामीको विचार मनमा आउनेबित्तिकै अस्पताल सम्झेँ। अस्पतालमा केही महत्त्वपूर्ण निर्माण भइरहेका थिए। हाम्रो अफिसले नयाँ अस्पताल भवन बनाउँदै थियो। त्यो भवन नबनुन्जेललाई भएकै स्रोतसाधनबाट अपरेसन र सुत्केरी कोठाको चाँजोपाँजो मिलाउँदै थिएँ। सुत्केरी सेवाको निम्ति भण्डारबाट सामानहरू जुटाएर निर्मलीकरण गर्न सुरु भएको थियो। ती सामान माओवादीले चलाइदिए कि भन्ने डर लाग्यो। अस्पताल निर्माण पूरा नगरी कुनै हालतमा जुम्ला छाड्दिनँ भन्ने मेरो प्रतिज्ञा थियो। अब यो हमलाले योजना अल्झिने भयो भनेर चिन्ता लागेर आयो। मै यहाँ भुक्लुक्कै मरेँ त ठिकै थियो, नत्र फेरि कहिले योजना थालेर, कहिले पूरा गर्ने भनी चिन्तित भएँ।

अस्पतालका हरेक कोठा मेरा आँखामा नाच्न थाले। कर्मचारीहरूलाई सम्झेँ। त्यस दिन रोशना कँडेलमात्र क्वार्टरमा थिइन्। उनको साँझको ड्युटी थियो। प्रायः एक्लै पर्दा म साथीहरूलाई आफ्नै कोठामा ल्याउँथेँ। त्यस दिन भने उनको ड्युटी सकिने बेलासम्म कर्फ्यु लागिसक्ने हुँदा आउने अवस्था थिएन। उनलाई चाँडो काम सक्न लगाएर सँगै ल्याउन सक्थेँ। तर, कडा अनुशासनमा बस्नुपर्ने नराम्रो रोग छ मेरो। मैले नै यहाँ तीन सिफ्टको ड्युटी लागु गरेकी थिएँ। त्यसलाई कहिल्यै तलमाथि हुन दिइनँ। त्यस दिन भने भित्रैदेखि माओवादीले हमला गर्लान् कि भन्ने लागिरहेको थियो। त्यसैले पहिलोचोटि आफ्नो नियम आफैं तोडेर रोशनालाई 'जाऊँ हिँड मसँग' भनेकी थिएँ। यस मानेमा म अलि कमजोर भएकी थिएँ। तर, उनी आफैं बढी पाकी पल्टिइन्। भनिन्, 'अहिले म काम छोडेर गएँ भने यही बहानामा झगडा हुन्छ,

त्यसै त हामीलाई काखी च्याप्यो भन्ने आरोप लगाएर सबै तपाईंलाई असफल बनाउन खोजिरहेका छन् ।'

मलाई उनको कुरा ठिकै लाग्यो । त्यही रात माओवादीले बमगोला बर्साउला भन्ने के थाहा र? नभए बिचरीलाई एक्लै कहाँ छाड्थैं !

म उनलाई सँगै नल्याएकोमा पछुतो मान्न थालेँ । माया पनि लाग्यो । उनलाई दमको रोग थियो । अस्पतालको क्वार्टर त्यति सुरक्षित थिएन । डरले दम बढेर बेहोस भइन् कि? वा आक्रमणकारीले ढोका फोरेर केही गरे कि? यस्तायस्तै नराम्रा विचार मेरो मनमा आउन थाले । राम्रो विचार गर्ने त समय नै कहाँ थियो र?

काठमाडौं अफिसका सहकर्मीलाई सम्झेँ । हाकिमहरूलाई सम्झेँ । मलाई राम्रो मानेर सहयोग गर्ने र पछाडि कुरा काट्ने दुवैथरिका साथीभाइको याद आयो । मृत्युको नजिक पुग्दा मान्छे सांसारिक मोहमायाबाट त्यसै मुक्त हुँदोरहेछ । अब बाँचिन्न कि भन्ने लागेर मैले आफ्ना हितैषीलाई मनमनै धन्यवाद दिएँ । असहयोग गऱ्यो भन्ठानेर धेरैचोटि बाझेका हाकिमलाई पनि माफ गरिदिएँ । सबै मान्छेको आ-आफ्नो स्वभाव हुन्छ । म कामप्रति इमानदार छु भन्दैमा सबै त्यस्तै हुनुपर्छ भन्ने छैन । म अरूलाई आफूजस्तो बनाउने प्रयास गर्न सक्छु । बन्नैपर्छ भनेर जिद्दी गर्न सक्दिनँ । मृत्युको मुखमा पुगेर पछाडि फर्कंदा बिनासित्ती अर्कासँग झगडा गरेँ कि भन्ने लाग्यो ।

झट्ट बाको अनुहार याद आयो । उहाँलाई पेटको रोग छ । बिदामा जाँदा आफैं लगेर ओखतीमूलो गराइरहनुपर्छ । अस्ति भर्खरै हर्नियाको अपरेसन भएछ । म टाढा छु भनेर सुरुमा खबर गर्नुभएन । पछि फोनमा 'अपरेसन राम्रो भएको' सुनाउनुभयो ।

'तेरा सबै साथीले पिएचडी गरिसके, तँ कति दिन जुम्ला-जुम्ला भनेर बसिरहन्छेस्,' उहाँ बेलाबेला मलाई सम्झाउन खोज्नुहुन्थ्यो ।

जस्तोसुकै आदर्शको कुरा गरे पनि आफ्नी छोरी एक्लै जुम्लाजस्तो ठाउँमा बसिरहोस् भन्ने कुन बाबुले चाहन्छ र? म उहाँको मनको कुरा बुझ्थैं । तर, भावनामा बगेर आफूले थालेको काम अधुरै छाडी फर्कनु पनि त भएन ।

'मेरो सुर्ता नलिनू न बा,' म जवाफ दिन्थेँ, 'म जहाँ छु, ठिक छु ।'

उहाँ त्यसपछि केही भन्न सक्नुहुन्थेन । खुइयय गर्दै चुप लाग्नुहुन्थ्यो ।

आमालाई सम्झेँ । उहाँ खासै केही भन्नुहुन्न । म घर छाडेर जुम्ला बसेकोमा खुसी पनि हुनुहुन्न । कहिलेकाहीँ यत्ति भन्नुहुन्छ, 'तैँले चितवनमै बसेर काम गरे हुन्न ?'

आमाबालाई सुख दिन सकिनँ भन्ने तर्कनाले मेरा आँखा रसाए । दिदीबहिनीलाई सम्झेँ । भाइलाई सम्झेँ । अहिले सबै सुतिसके होलान् । भोलि बिहान जुम्लाको खबर थाहा पाउनेछन् । त्यतिबेलासम्म एउटा पार लागिसक्ला ! सास रहे, फोन गरुँला । नभए यो जन्ममा यत्ति नै भयो । आमाबाको भार एकअंश नतिरी मरिने भइयो ।

मेरो मन एकतमासको भएर आयो ।

दाइभाउजू बारम्बार चन्दननाथ र भैरवनाथको नाम फलाकिरहनुभएको थियो । मैले पनि एकचोटि पशुपतिनाथलाई सम्झेँ । मनमनै भनेँ, 'हे पशुपतिनाथ, तिमीले सबथोक देखिरहेका छौ, जे मन लाग्छ गर ।'

समय बिताउन साह्रै गाह्रो भइरहेको थियो । सिरकभित्रै लाइट बालेर घडी हेरेँ । भर्खर पौने ११ जति बजेको रहेछ । जतिचोटि घडी हेर्दा पनि मिनेटभन्दा बढी समय फड्किने होइन । एक-एक सेकेन्ड एक-एक जुनी बराबर कटिरहेको थियो ।

हाम्रो घर कृषि केन्द्रको पर्खालसँग जोडिएको छ । मलाई लाग्यो, माओवादीहरू त्यही पर्खालको आड लिएर फायरिङ गरिरहेका छन् । पर्खाल अग्लो भएकाले उनीहरू अडेस लागेर बसेका भए उज्यालैमा पनि देख्न सकिन्थेन । आवाज भने राम्ररी सुनिन्थ्यो । उनीहरूले बन्दुकको ह्यान्डल तानेको ग्याकग्याक आवाजधरि प्रस्टै सुनिरहेका थियौं । हरेक चार/पाँच मिनेटमा फायरिङ मत्थर हुन्थ्यो । 'अरुण... अरुण...' भन्ने आवाज चर्किन्थ्यो । फेरि गोली बर्सिन थाल्थ्यो । यस्तो लाग्थ्यो, सबै आक्रमणकारीले गोलीको माला पहिरेका छन् र लगातार फायरिङ गर्दैछन् । सकिने नामनिसान थिएन ।

आवाजको प्रकृति र झ्यालबाट चियाएर हेरेको हिसाबले आक्रमणकारीहरू सिडिओ कार्यालय र सैनिक ब्यारेकलाई ताकिरहेका छन् भन्ने लाग्यो। चियाउँदा-चियाउँदै सिडिओ कार्यालयबाट आगोको मुस्लो उठ्न थाल्यो। दनदनी आगो दन्कियो। त्यसको उज्यालोमा कार्यालय वरपर ग्वारग्वार्ती मान्छे हिँडिरहेको देखियो।

दाइले मेरो मौनता भंग गर्दै सोध्नुभयो, 'सिडिओ बड्डा (बूढा) के भए होलान्?'

म झसंग भएँ। अघि दिउँसोमात्र सिडिओ दामोदर पन्तजीसँग कुराकानी गरेको घटना सम्झिएँ। उहाँको झोक्राएको अनुहार याद आयो। त्यतिखेरै उहाँको अनुहार देखेर केही बितन्डा हुँदैछ भन्ने मलाई लागेकै हो।

रातको दुई बजेसम्म कडा प्रतिस्पर्धामा भिडन्त भयो। करिब दुई बजे घटटटट गर्दै हेलिकोप्टर उडेको आवाज सुनियो। राति पनि उड्न सक्ने नाइटभिजन हेलिकोप्टर होला भन्ने लाग्यो। सरकारले माओवादीसँग भिड्न यस्तो हेलिकोप्टर झिकाएको छ भन्ने खबर पढेकी थिएँ।

हेलिकोप्टर उडेको आवाजले मलाई युद्ध रोकिन्छ भन्ने आस जाग्यो। रुम्जाटारको भिडन्तमा नाइटभिजन गएपछि आक्रमण रोकिएको थियो भन्ने सुनेकी थिएँ। ज्यान बच्यो भनेर अलिअलि खुसी भएँ। तर, मैले सोचेभन्दा विपरीत भयो।

नाइटभिजनले खलंगा बजारकै चक्कर लगाइरहेको थियो। आकाशबाटै बम र गोली बर्साउन थाल्यो। यही बममा परेर हाम्रो माटोको घर माटोमै बद्लिएला कि भन्ने डर लाग्यो। केटाकेटी छँदा असारताक नयाँ घाँस वा मकै खाएका भैंसीले ट्वारट्वार गर्दै छेरेको देखेकी थिएँ। यहाँ आकाशबाट जमिन र जमिनबाट आकाशतिर ताकेर त्यस्तै ट्वारट्वार आवाज निकाल्दै गोली हान्ने र फर्काउने भइरहेको थियो।

करिब एक घन्टाको कहालीलाग्दो भिडन्तपछि नाइटभिजन फर्कियो। दाइले र मैले कुरा गर्‍यौं, इन्धन सकियो होला।

हेलिकोप्टर फर्केपछि दाइलाई के लागेछ कुन्नि, मेरो कानमै आएर भन्नुभयो, 'हामी मर्छौं कि बाँच्छौं हँ?'

दाइले दुई दिनअघि मात्र मेरो ३२ वटा दाँत भएको थाहा पाउनुभएको थियो। बधाई दिँदै भन्नुभएको थियो, '३२ वटा दाँत भएको मान्छेले त बोलेको कुरा पुग्छ नि।'

मैले 'खै कुन्नि' भनेकी थिएँ।

त्यही जवाफ फर्काएँ, 'खै कुन्नि, हेर्दै जाउँ न।'

सायद दाइ मेरो ३२ वटा दाँत भएकाले 'बाँचिहाल्छौं नि' भन्ने जवाफ सुन्न चाहनुहुन्थ्यो। मैले 'खै कुन्नि' भनेपछि अलि निराश हुनुभयो। तैपनि मिनेट-मिनेटमा मेरो काननिर मुख जोडेर 'हामी मर्छौं कि बाँच्छौं' भनेर सोधिरहनुहुन्थ्यो। दिक्क लाग्नेगरी। मलाई दाँतको कुरा बेकारमा भनेछु भन्ने लाग्यो।

मैले दाङ र अछामका साथीहरूको मुखबाट माओवादी हमलाको कथा सुनेकी थिएँ। यस्तरी भिड्छन् होला भन्नेचाहिँ लागेको थिएन। मलाई त्यत्रो त्रासमा पनि कोठाभित्रै जाडो भइरहेको थियो। बाहिरको ठन्डीमा माओवादी लडाकु कसरी लडिरहेका होलान्? उनीहरूको साहस सम्झेरै मेरो जिउ जिरिंग भयो।

अघिदेखि डराएर बसेकीले मलाई एकदमै पिसाब च्यापिरहेको थियो। भाउजूले केही समयअघि कोठाभित्रै कोपरामा पिसाब फेर्दा सोध्नुभएको थियो, 'तिमी पनि गर्ने हो?'

मलाई त्यतिखेर मन लागेन। लागे पनि लाजसरमले खपेरै बसेँ। अब त अति भयो। मानसिक र शारीरिक रूपमा म थाकिसकेकी थिएँ। लाजै पचाएर भाउजूसँग सोधेँ, 'भाउजू कोपरा कहाँ छ?'

उहाँ खाटमा पल्टिरहनुभएको थियो। ढोकाको छेउतिर इसारा गर्नुभयो। दाइले छामछाम छुमछुम गर्दै जर्किन काटेर बनाएको कोपरा देखाइदिनुभयो। मैले अँध्यारोको फाइदा उठाउँदै सानो बालखाकैँ दाइभाउजू र भानुकै अगाडि

कोपरामा पिसाब फेरेँ। बाहिरबाट गोली र बमको आवाज आइरहँदा भित्र मैले पिसाब फेरेको आवाजमा कसको ध्यान जाओस्? मलाई एकरत्ति लाज लागेन।

डरले जितेको बेला लाजसरम कहाँ बाँकी रहन्छ र?

नाइटभिजन फर्केपछि आक्रमण एकोहोरो हुन थाल्यो। हाम्रा कान आवाजलाई पछ्याइरहेका थिए। कहाँ-कहाँ आक्रमण भयो होला भन्ने सजिलै अनुमान गर्न सक्थ्यौं। एकछिनमा मध्यबजारमै बम पड्केझैं लाग्यो। जिल्ला प्रहरी कार्यालय र जिल्ला विकास कार्यालय पनि ध्वस्त भएको अनुमान गर्‍यौं।

त्यत्तिकैमा कोठाको पश्चिमपट्टि ससाना प्वालबाट पिरो धुवाँको मुस्लो छिर्‍यो। चरबाट अलिअलि उज्यालो पनि भित्र पस्यो। बमले त छिमेक घरको छाना नै पड्किएको रहेछ। बाहिरको भिडन्तले मन उसै ठेगानमा थिएन, त्यसमाथि अर्को संकट आइलाग्यो। आगो फैलिँदो हाम्रो घरसम्म सल्किन्छ कि भन्ने भयो।

दुई दिनअघि मात्र युरोपको कुनै देशमा स्कुलमा आगो लागेर ससाना विद्यार्थी चिच्याइचिच्याई मरेको सुनेकी थिएँ। अब हामी त्यसरी नै आगोमा जलेर ऐया र आत्थु भन्दै चिच्याइचिच्याई मर्छौंजस्तो लाग्यो। हामी ठूला मान्छेमात्र भए त सहन्थ्यौं होला। तर, यी केटाकेटी आगोको राप कसरी सहलान्? मनमनै भनेँ, 'बरु आगोमा डढेर मर्नुभन्दा गोली लागेर मर्नु राम्रो। प्राण त सजिलै जान्छ।'

मृत्यु निश्चित भएपछि मान्छे त्यहाँ पनि सजिलै उपाय सोच्दो रहेछ।

'आगोको लप्काले घर घेर्नुअघि नै झ्याल खोलेर हाम्फाल्ने हो कि,' सुनील दाइ र भानुले जुक्ति निकाले।

सिडिओ कार्यालयबाट हाम्रो घरसम्म फाँट थियो। झ्याल खोलेर हामफाल्दा सेना र माओवादी दुवैको निशाना बन्न सक्थ्यौं। फेरि केटाकेटी कसरी हाम्फाल्छन्?

मलाई अर्को जुक्ति आयो । भनें, 'यही कोठाको भुइँ प्वाल पारुँ । सिरक र कम्मल मुनि खसालौं । त्यसपछि पहिला एकजना ठूलो मान्छे हाम्फालौं, अनि पालैपालो नानीहरूलाई तल झारौं ।'

जुक्ति त निकालें, तर भुइँमा प्वाल पार्न हतियार थिएन । हतियारको नाममा कोठाभित्र स्याउ तास्ने सानो चक्कुमात्र थियो ।

सोच्दासोच्दै धुवाँले कोठा कुइरीमण्डल भयो । भाउजू उठेर आफूले लुकाएर राखेको पैसा, गरगहना पोको पार्न थाल्नुभयो । दाइले पैसाको अर्को पोका आफूसँगै राख्नुभएको थियो । मैले पहिलोचोटि थाहा पाएँ, मर्ने बेला पनि मान्छेलाई धनकै चिन्ता हुँदो रहेछ । गहनाहरू पोको पारेपछि भाउजूले केटाकेटीलाई उठाएर टन्न लुगा लगाइदिनुभयो । मलाई भने सुर्खेत घर भएका साथीहरूले पठाइदिएको पैसा, महत्त्वपूर्ण कागजपत्रको चिन्ता लागेर आयो । मैले ती सबै सामान कोठामै छाडेकी थिएँ । अघि दाइको पछि लागेर यता आउँदा आत्तिएर कोठा खुल्लै छाडेछु । मेरो आफ्नो सामान त के नै थियो र? अर्काको सामान सुरक्षित राख्न सकिनँ भनेर भत्भती पेट पोल्न थाल्यो ।

बाहिर फेरि मान्छे कराएको सुनियो ।

उनीहरू भनिरहेका थिए, 'कृषि केन्द्र कतातिर हो?'

उनीहरूले आफूसँग ल्याएको खलंगा बजारको नक्सा मिलेनछ क्यारे । अपशब्दहरू निकालेर गाली गर्दै थिए । भन्दै थिए, 'के दिएको नक्सा यस्तो, एउटा केही मिल्दैन ।'

त्यसपछि मान्छे गुटुटुटु दौडिएको आवाज आयो । दाइभाउजूको ध्यान भने पैसाकै पोकामा थियो । मलाई झोंक चल्यो । कराइदिएँ, 'ज्यान रहे त पैसा कमाइहालिन्छ नि ।'

ज्यान बचाउन जसरी भए पनि भुइँ फोड्नैपर्‍यो भन्ठानें । स्याउ तास्ने चक्कुले नै कोतर्न थालें । वर्षौंदेखि लिपपोत गर्दागर्दा भुइँ यति बलियो भएको रहेछ, चक्कु नै भाँच्चियो । अब बम पड्के पनि, गोली बर्से पनि, आगो सल्के पनि खुसीसाथ स्वागत गर्नुको विकल्प थिएन ।

फायरिङ विस्तारै पातलो हुँदै गयो । भानु उठेर धुवाँ आएको प्वालबाट चियाए ।

'दिदी भित्ता मोटो छ, आगो यहाँसम्म आइपुग्न टाइम लाग्छ । पहिले तपाईंको, त्यसपछि मेरो कोठामा सल्किन्छ, अनि बल्ल यहाँ आइपुग्छ । त्यतिन्जेल बिहान भइसक्छ । भिडन्त सकिएला,' उनले भने ।

अघिदेखि डराएर खाटमुन्तिर लुकीबसेका भानुले सुझबुझको कुरा झिकेका थिए ।

हामी त्यसपछि शान्त भयौं । दाइले यसबीच तीन/चारपल्ट चिसो पानी घटघट खाइसक्नुभएको थियो ।

टाढा कतै कुखुरा बासेको सुनियो । उज्यालो भएछ । घडी हेऱ्यौं । चार बजेको थियो । अब छिट्टै आक्रमणकारी फर्किएलान् ! हामी उत्साहित भयौं ।

तर, सोचेजस्तो कहाँ हुन्छ र ?

फेरि घमासान भिडन्त सुरु भयो । घरका भित्ता र छतमा एकोहोरो गोली खसिरहेको थियो । बेलाबेला मान्छे चिच्याएको आवाज सुनिन्थ्यो । गोली लागेर कराएका होलान् !

हाम्रो आशा र उत्साह बमले ध्वस्त पारेको घरजस्तो गर्ल्यामगुर्लुम ढल्यो । बिहान भिडन्त चर्किनु भनेको माओवादीले जित्नु हो । हामीले सोच्यौं, प्रहरीको त के कुरा गर्नु, ब्यारेकमा सैनिक पनि सक्किएजस्ता छन् । वा, माओवादीले ब्यारेकै कब्जा गऱ्यो कि ! अछामका साथीहरूले सुनाएअनुसार त्यसपछि जे पनि हुनसक्छ रे । आक्रमणकारीले घरघरमा छापा मारेर अपहरण गर्न सक्छन् रे । धनमाल लुट्न सक्छन् रे । मान्छे मार्न सक्छन् रे ।

आम्मामामा !

यो घम्साघम्सी बिहान सवा ७ बजेसम्मै चल्यो । त्यसपछि गोली र बमको आवाज आएन । मान्छे दौडिएको मात्र देखियो ।

घाम झुल्किसकेको थियो । जुम्लामा चाँडै घाम लाग्छ । हुस्सु र कुहिरो लाग्दैन । मैले आँट गरेर ढोका उघारें । दाइभाउजू कराउँदै हुनुहुन्थ्यो । मैले

उहाँहरूको कुरा सुनिनँ । मलाई खासमा चर्पी जान एकदमै हतार भइसकेको थियो । अघिदेखि खप्दाखप्दा थाकिसकेकी थिएँ । जेसुकै होस् भनेर बरन्डामा निस्कैँ । चारैतिर आँखा डुलाएँ । अगाडि जिल्ला प्रहरी कार्यालय, शिक्षा कार्यालय, कृषि केन्द्र, प्रशासन कार्यालय सबै जलेर भग्नावशेषमा परिणत भइसकेका थिए । एयरपोर्टबाट आगोको लप्का छुटिरहेको थियो ।

माओवादी आक्रमणकारी वरिपरि कतै देखिएनन् । ब्यारेकतिर हेरेँ । युनिफर्म लगाएका सैनिक बन्दुक बोकेर थकित मुद्रामा लुखुरलुखुर हिँडिरहेका थिए । केही प्रहरी पनि देखिए । गलेका । होसहवास गुमाएका ।

चारैतिर रगतको आहाल थियो । एक रातमै मेरो प्यारो जुम्ला जलेर खरानी भएको थियो ।

म जिउँदै थिएँ ।

यो मेरो पुनर्जन्म हो ।

❑❑

पाँच

पहिलो दिन

रगतले लत्पतिएको खलंगा बजार देख्नेबित्तिकै म आत्तिँदै हजुरआमा र ठूलो बाबुको कोठातिर दौडेँ। सुनील दाइ र गोमा भाउजू पछिपछि आउनुभयो।

तीनैजना हुत्तिँदै गएर ढोका उघार्‍यौं। चारैतिर आँखा डुलायौं।

हजुरआमा र ठूलो बाबु सकुशल रहेछन्।

अनुहार डरले फुस्रिएका थिए।

'रातभरि कसरी बस्नुभयो?' मलाई सोध्न मन लागेको थियो। सोधिनँ। जवाफ मैलाई थाहा थियो।

'तिमीहरू रातभरि कसरी बस्यौ?' हजुरआमालाई पनि सोध्न मन लागेको थियो होला। सोध्नुभएन। सायद जवाफ उहाँलाई नै थाहा थियो।

रातभरि हजुरआमा र ठूलो बाबुको चिन्ता लिँदै बसियो, बिहान भेटेपछि बोलचाल केही भएन। हामीसँग सोध्ने र बोल्ने शब्दै थिएन।

मानसिक रूपमा यति थाकेका थियौं, कुराकानी गर्ने जाँगर पनि थिएन।

खालि निराश अनुहारले एकअर्कालाई हेरिरह्यौं।

२०५८ कात्तिक २८ गते ।

गोली र बमबारुदको धुवाँले खलंगा बजार कुइरीमण्डल थियो । एकैचोटि दर्जनौं शव जलाएको आर्यघाट जस्तो ।

कतैकतै पाट्टपुट्ट बम पड्केको आवाज आइरहेकै थियो । दुईचारजना मान्छे अलि पर हतारिँदै कुदिरहेको देखैं । टाढाबाट अनुहार चिनिनँ । आक्रमणकारी हुन् कि? सर्वसाधारण भने कोही देखिएनन् । जिल्ला प्रशासन र मालपोतबाट बमले आधा डढेका सेता-काला कागजका टुक्रा चराझैं आकाशमा उडिरहेका थिए । जनसरोकारका यी सरकारी अड्डाका भुइँभरि डढेका कागज र फाइल छरपस्ट देखिन्थे । आगोले मक्किएका पर्खाल पालैपालो गर्ल्यामगर्ल्याम ढलिरहेका थिए ।

चारैतिरबाट पुत्ताएको धुवाँको मुस्लोले हाम्रा आँखा पिरो हुन थाले । जिउ कर्कर्ती दुखिरहेको थियो । रातभरि नसुतेर हुनसक्छ । वा, एकैचोटि यति ठूलो आघात खेप्नुपरेकाले?

बिहान नौ बज्दासम्म जुम्ला बजार यति सुनसान थियो, रातको आक्रमणमा सबै मरेझैं लाग्थ्यो । आकाशमा चराधरि उडिरहेका थिएनन् ।

हाम्रो घर पनि सामसुम्म थियो । हामी खालि आँखाले बोलिरहेका थियौं । मुख मौन । हलचल गर्ने शक्ति थिएन । जहाँ बस्यो, त्यहीं बसेका बस्यै । खाना पकाउने सुरसार गरेका थिएनौं । कसैलाई भोकै लागेको थिएन । केटाकेटी भोकाए कि थाहा छैन । केही बोलिरहेका थिएनन् । केटाकेटीको आत्मामा भगवान् बसेका हुन्छन् रे । कुरो नबुझे पनि घटनाको गम्भीरता बुझ्छन् । त्यसैले आमाबाको आँखामा डर देखेर उनीहरू त्यसै डराइरहेका थिए ।

करिब नौ बजेतिर एउटा हेलिकोप्टर आयो । सेनाको रहेछ । ब्यारेकमा गएर बस्यो । पहिलेजस्तो सोझै 'ल्यान्ड' गरेन । ब्यारेकभन्दा धेरै माथि दुईतीन चक्कर लगायो । अनि चक्कर लगाउँदै-लगाउँदै विस्तारै तल झर्‍यो । पछि उड्दा पनि त्यसरी नै उड्यो । हेलिकोप्टरको ढोकामा जालीहरू थिए । केही सैनिक पनि देखिए । युद्धमा प्रयोग गर्ने हेलिकोप्टर हो कि जस्तो लाग्यो । सैनिक लिएर आएको होला । ब्यारेकमा सेनाको आवतजावत बढेको महसुस भयो ।

धुवाँ छाँटिदै गएपछि एयरपोर्ट टावरको टुप्पो अलिअलि देखिन थाल्यो। बाह्र बजेतिर राम्रैसँग देखियो। म खुसी भएँ। चिच्याउँदै घरका सबैलाइ देखाएँ। खुसी नहुनु कसरी? आखिर जुम्लालाई बाहिरी संसारसँग जोड्ने एकमात्र उपाय यही एयरपोर्ट टावर हो।

विस्तारै फाट्टफुट्ट मान्छे निस्कन थाले।

सुरक्षा निकायले भने हामीलाई पखेटा काटिएको पन्छीझैं घरको पिँजडामै खुम्चाएर राख्ने सुर कस्यो। रातभरि माओवादीले सुत्न दिएन, अब सुरक्षाकर्मीले हिँडडुल गर्न नदिने भए। सादा पोसाकका तीनजना कराउँदै आए, 'हामी पुलिस हौं, राति भागेर बाँचेको। तपाईंहरू कोही बाहिर ननिस्कनु होला। कर्फ्यु छ। बाटोभरि लास छन्। बम र गोली छन्। सबैजना घरमै बसिदिनुहोला।'

चेतावनी सुन्दासुन्दै मैले आफूलाई नियन्त्रण गर्न सकिनँ। उनीहरूले भनेजस्तो घरभित्रै गुम्सिएर बस्नु उचित पनि लागेन। माओवादी आएर हानेर गइसके। सबै ध्वस्त पारिसके। अब हामी सर्वसाधारणलाई के को कर्फ्यु? आक्रमणकारीलाई रोक्न नसक्ने, अनि सोझासाझा जनतालाई घरभित्रै थुन्ने?

मलाई झोंक चल्यो। दाइभाउजूले गाली गर्दागर्दै ढोका खोलेर प्रहरी कार्यालयको गेटतिर लम्कें। बाटोभरि गोलीका खोका छरिएका थिए। प्रहरी कार्यालयको गेटमै सकेट बम थियो। जुम्लामा बाटोको बीचतिर कुलोजस्तो ढल बनाइएको हुन्छ। त्यही ढलमा एउटा नयाँ डोको मिल्केको देखें। माओवादीले घाइते साथी बोक्न ल्याएका होलान्। हेर्दा चिटिक्कको थियो डोको। ठुल्ठूला बुट्टेदार गुलाबी रङको चकटीसमेत भएको। हामीले सुरक्षित मातृत्व कार्यक्रमअन्तर्गत पुरुषहरूलाई बुन्न सिकाएछैं। प्रहरी कार्यालयको गेटमा सधैं दुईतिर स्वागत कलश राखिएको हुन्थ्यो। त्यस दिन थिएन। जलिरहेको भवनमा घाइते सुरक्षाकर्मीले कसको स्वागत गर्नु?

अगाडि दाहिनेपट्टि घरको बरन्डाबाट रगतको धारा बग्दै थियो। दसैंमा खसी काटेजस्तो। बरन्डाको बाहिरपट्टि काटिएको टाउको थियो भने भित्रपट्टि आधा जिउ। स्कुलमा पढ्दा कोतपर्व, भण्डारखाल पर्वका रगताम्मे इतिहास

मलाई काल्पनिक कथा लाग्थ्यो । बल्ल थाहा पाएँ, हरेक मान्छेभित्र एउटा राक्षस लुकेको हुन्छ । जुन दिन त्यो राक्षस जाग्छ, यस्तै हुन्छ ।

रातको हमलामा बाँचेका सैनिक र प्रहरीले घरका छतबाट शवहरू भुइँमा ओसार्न थाले । खुट्टामा डोरी बाँधेर घिसार्दै ल्याइरहेका थिए । बच्चाले खेलौना घिसारेझैं देखिएको थियो । कुनै शव तन्नामा बेरेर ल्याए भने कुनै बिरामी बोक्ने स्ट्रेचरमा ग्याइँकुटी पार्दै । हिजो सँगै खाजा खाएको सिडिओ र डिएसपी पनि बाँच्नुभएनछ ।

माओवादी आक्रमण, अस्पतालको चिन्ता र परिवारको सम्झनाले सताएर त्यो दिनभरि मैले अन्नको एक गेडा मुखमा हाल्न सकिनँ । भाउजू पनि 'पन्छिएकी छु' भन्दै भान्छामा छिर्नुभएन । उहाँ महिनावारी हुँदा साह्रै बार्ने मान्छे हो । मैले सम्झाउँदा-सम्झाउँदा बार्न छाडिसक्नुभएको थियो । त्यस दिन भने आक्रमणको तनावले हुनसक्छ, उहाँ कुनै काममा अघि सर्नुभएन । उहाँकी भाउजूले खाना पकाउनुभयो । केटाकेटीले अलिअलि खाए । मैले जुठोमात्र हालैँ ।

खलंगा बजारमा सुरक्षाकर्मीले लगाएको कर्फ्यु त्यसै निष्प्रभावी भइसकेको थियो । स्थानीय नेता र केही ठूलाबडा हिँडडुल गर्न थालेका थिए । सुरक्षा निकायले पनि कडाइ गरेन । सर्वसाधारण भने अझै देखिन्थेनन् । सुरक्षाको कारण देखाउँदै प्रायः जुम्लाबाहिरै बस्ने डिल्ली महत, देवीलाल थापा, तीर्थबहादुर बुढा लगायत स्थानीय नेता तथा सांसदहरू सुरक्षा स्थिति बुझ्न आउनुभयो । मलाई खुसी लाग्यो । संकटको घडीमा उहाँहरू आफ्नो जिल्लामा देखा पर्नुभयो । नत्र त यहाँ जिम्मेवार व्यक्तिहरूको खडेरी नै पर्थ्यो । सिडिओ र सुरक्षा निकायका कर्मचारीबाहेक अरूलाई भेटेर सरसल्लाह गर्ने नपाइने ।

उहाँहरू हाम्रो घरको अगाडिपट्टि विष्णु फर्निचर निरीक्षण गर्दै हुनुहुन्थ्यो । म कुरा सुन्न गएँ । घर जलिरहेको थियो । बल्दाबल्दैको नाल ढलेर झन्डै लागेन । सबै चिच्चाए, 'रातमा त बल्लतल्ल बाँचियो, अहिले मरिएला ।'

यत्तिकैमा 'सिवेड' (क्यानेडियन सपोर्ट कार्यक्रम) का मदन भट्टजी आइपुग्नुभयो । उहाँको अनुहार मलिन देखिन्थ्यो । रुन्चे हाँसो हाँस्दै भन्नुभयो, 'राधाजी बधाई छ, बाँचियो ।'

उहाँ रातभरि आफूले भोगेको घटना वर्णन गर्न थाल्नुभयो । राति १०
बजेतिर माओवादीहरू मदनजीको घरमा आएछन् । हेर्दा जवान देखिने समूहका
कमान्डर भलाद्मी लागेछ मदनजीलाई । उनका सहायकमध्ये. एकजना अलि
ठाडो र रुखो स्वभावको थियो रे । एकछिन कुराकानी गरेपछि उहाँकै घरको
भुइँतलामा 'हेल्थ क्याम्प' बनाएछन् ।

सिवेडको अफिस र अरू साथीहरूको बस्ने बन्दोबस्त त्यही घरमा मिलाइएको
थियो । कार्यक्रम लगभग सकिन लागेकाले त्यस रात मदनजी र एकजना
सहायकमात्र रहेछन् । मदनजीको अनुभवमा उनीहरू एकदमै अनुशासित थिए ।
कमान्डरले भनेको खुरुखुरु मान्थे रे ।

'कमान्डरको कुरा नकाट्ने र तर्क/बितर्क नगर्ने अभ्यास रहेछ माओवादीहरूको,'
मदनजीले भन्नुभयो, 'एउटा टोली आक्रमणमा घाइते भएका साथीलाई बोकेर
ल्याउँथ्यो, अर्को टोली हेल्थ क्याम्पमा बसेर प्राथमिक उपचार गर्थ्यो । फटाफट
पट्टी लगाउँथ्यो । त्यसपछि फेरि अर्को टोलीले घाइतेहरूलाई बोकेर अन्त
कुदाइहाल्थ्यो ।'

राति घाउमा लगाउने पट्टी सकिएछ । कमान्डरले मदनजीसँग पट्टी बनाउनलायक
कपडा मागेछन् । उहाँले तन्ना च्यातेर दिनुभएछ । फेरि तातोपानी मागेछन् ।
उहाँले थर्मसको पानी दिनुभएछ । अफिसको बारेमा सोधखोज गरेछन् । को/को
छन्? के/के काम गर्नुपर्छ? सबैथोक । बिहान हिँड्नेबेला पैसा पनि मागेछन् ।
आक्रमणको हल्ला चल्न थालेदेखि यहाँ कुनै संघ/संस्थाले जगेडा पैसा राख्ने
गरेको थिएन । लुटिने डरले । सिवेडको त्यही अवस्था थियो ।

मदनजीले 'पैसा छैन' भन्नुभएछ । अलिअलि भएको पैसा अघिल्लो दिनमात्रै
कार्यक्रममा खर्च गरेको बताउनुभएछ । उनीहरूले पत्याएनछन् । ढिपी गर्न
थालेछन् ।

'अफिसको पैसा नभए, तपाईंसँग जति छ, त्यति दिनुस्,' उनीहरूले
भनेछन् ।

मदनजीले पर्स निकालेर देखाउनुभएछ । जम्मा दुई हजार रुपैयाँ रहेछ ।
'एक हजार तपाईंहरू लग्नुस्, एक हजार मलाई छोडिदिनुस्,' उहाँले भन्नुभएछ ।

उनीहरू के मान्थे? सबै लैजान खोजेछन्। धन्न एकजना माओवादीले 'भैगो भैगो, छोड्दे' भनेपछि उनीहरू त्यसै फर्केछन्। उहाँको दुई हजार बचेछ।

रातभरि सँगै बसे, उहाँकै घरमा हेल्थ क्याम्प बसाले, फर्कने बेला मदनजीलाई खुब अत्याएछन्। भनेछन्, 'तपाईंहरू के गर्नुहुन्छ, हामी त यो घर पनि जलाउँछौं।'

त्यतिबेला बाहिर दोहोरो फायरिङ जारी थियो रे। नाइटभिजनले फ्यालेका बमले घर पूरै हल्लिएको उहाँले सुनाउनुभयो। 'ती लडाकु डटेर आत्मविश्वासका साथ काम गरिरहेका थिए, त्यसलाई उनीहरूको उमेरसँग दाँज्नै मिल्दैन,' उहाँले भन्नुभयो, 'नाइटभिजन आउँदा पनि उनीहरू एकरत्ति आत्तिएनन्। बरु चिच्याई-चिच्याई भनिरहेका थिए- कतिन्जेल बम खसाल्छस् खसा, एक छिनपछि तेल सकिएर फर्किनु परिहाल्छ।'

सबभन्दा अचम्म त, उहाँकै घर कब्जा गरेर बसेका छन्, उल्टै उहाँलाई नै यस्तो भिडन्त हुँदा फायरिङबाट कसरी बच्ने भनी सल्लाह दिएछन्। छिमेकीको घरमा जान बाटो देखाइदिएछन्। उहाँको छिमेकमा राष्ट्रिय वाणिज्य बैंकमा काम गर्ने लालबहादुर थापाजी बस्नुहुन्थ्यो। माओवादीले भनेअनुसार उहाँ आफ्ना महत्त्वपूर्ण सामान बोकेर बम र गोलीको वर्षा छल्दै बल्लतल्ल थापाजीको घर पुग्नुभएछ।

'घर त पुगियो, ढोका खोल्ने कसरी?' उहाँले सम्झनुभयो, 'जति ढोका ढक्ढकाउँदा पनि खोलेकै होइन। ढोका खोल्न बाहिर आउनुपर्थ्यो। को आउने?'

मदनजीले 'हामी हौं हामी' भन्दै तीनचारचोटि कराएपछि बल्ल ढोका खुलेछ। थापाजीकी श्रीमतीले 'सिवेडको सरजस्तो लागेर' ढोका खोल्नुभएको रे।

मदनजीलाई छिमेकतिर पठाएपछि माओवादीले उहाँका सरसामान, सिरक-डसना सबै बाहिर मिल्काइदिएछन्। घरमा बम हालेछन्। पड्काएर हिँडेछन्।

'धन्न ज्यान जोगियो,' मदनजीले लामो सास तान्दै भन्नुभयो।

आफ्नो ज्यान जोगाइदिएकाले होला, उहाँ बारम्बार माओवादी कमान्डरको तारिफ गरिरहनुभएको थियो। 'कमान्डर भलाद्मी भए त जनताको ज्यान जोगाइदिने रहेछन्,' उहाँले यही कुरा दसचोटि सुनाउनुभयो।

मध्यबजारको टुँडिखेलमा ४६ वटा शव लस्करै राखिएका थिए।

एकजना प्रमुख जिल्ला अधिकारी, सैनिक चारजना, २० प्रहरी, १८ माओवादी र दुई स्थानीय गरी जम्मा ४६ जनाको ज्यान गएको थियो। एकजना मालपोत कर्मचारी पनि मारिएका रहेछन्। पछि मात्र थाहा भयो। माओवादीको शव एउटा लाइनमा थियो भने बाँकीको अर्को लाइनमा। डिएसपी बिजेश्वर घिमिरेको शव फेला परेको रहेनछ। अर्का डिएसपी मण्डलको शव पनि थियो।

एकचोटि मैले उहाँको उपचार गरेकी थिएँ। उहाँ 'ग्यास्ट्रिक' ले पेट दुखेर अस्पताल आउनुभएको थियो। डाक्टरहरू थिएनन्। मैले नै जाचेँ। दुखाइ सहन नसकेर रोइरहनुभएको थियो। त्यतिबेला भन्नुभएको थियो, 'म त छोराछोरीको पढाइ पूरा गर्नमात्र जागिर खाएर बसेको हुँ। नभए छोडिसक्थैं।' उहाँका छोराछोरी डाक्टर, इन्जिनियर पढिरहेका छन् भन्ने थाहा पाएकी थिएँ।

मैले ग्यास्ट्रिकको औषधि दिएर पठाइदिएँ। सन्चो भएछ।

मेरो आँखासामु उहाँको शव थियो।

हामीले जानकारी पाएअनुसार माओवादीले सवा ८ बजेतिर कारागार हानेका रहेछन्। कारागार अलि कोल्टे परेको ठाउँमा छ। खलंगा बजारबाट टाढा, नदीनजिक। त्यहाँ बम पड्काउँदा बजारसम्म राम्ररी आवाज सुनिन्थेन। खाना खाँदाखाँदै सुनेको ड्यांग आवाज त्यही रहेछ। हामीले त्यो घटनालाई अरू बेलाजस्तै सामान्य रूपमा लिएका थियौं। माओवादीले त बम पड्काएर कारागार कब्जामा लिएका रहेछन्। भएभरका कैदी भगाएछन्। अनि वाकीटकी सेटहरू बोकेर हिँडेछन्।

त्यहाँबाट सिडिओ कार्यालय र सैनिक ब्यारेक हान्दै अञ्चल प्रहरी कार्यालयमा हमला गरेछन्। प्रहरीले 'लड्न सक्दैनौं' भनेपछि सेनाले डिएसपी बिजेश्वर घिमिरेलाई ब्यारेकमै बोलाएका थिए रे। उहाँलाई विज्ञान शिक्षा तालिम हलको बाटो हुँदै ब्यारेक आउन भनिएको थियो रे। कारागारबाट वाकीटकी लिएर हिँडेका माओवादीले सुइँको पाइहालेछन्। डिएसपीलाई पासोमा पार्नेगरी जुगाड खोला छेउको विज्ञान शिक्षा तालिम हलमा बम हानेछन्। त्यसपछि अञ्चल प्रहरी कार्यालय घेरेछन्। डाँडामा रहेको अञ्चल प्रहरी कार्यालयमा माओवादीहरू घिस्रँदै उक्लेका थिए रे।

यता अस्पतालतिरबाट पसेका आक्रमणकारीको अर्को टोलीले ब्यारेक जोगाउन सेनाले नै बिछ्याएको भुइँबम (माइन) को तार काट्न खोजेछ। ब्यारेक कमान्ड गरिरहेका सैनिकलाई मारेछ। त्यही बेला तार काटिरहेका केही आक्रमणकारीलाई सेनाले ढालेछ। सैनिक तर्फबाट 'राम्रो एक्सन' भयो रे। कम्तीमा ब्यारेक बचाउन सकियो भन्दै सन्तोष मानिरहेका थिए। पहिलो पंक्तिमा बसेका चार सैनिकको मात्रै ज्यान गएको रहेछ।

सर्वसाधारणतर्फ को/को मरेछन् भन्ने कौतुहल थियो हामी सबैलाई।

शव हेरेर थाहा पायौं, एयरपोर्ट जाने बाटोमा कालिखोलीनिर बस्ने सुस्त मनस्थिति भएका व्यक्ति रहेछन्। अर्को एकजना झ्यालबाट हेरिरहेका बेला गोली लागेर मरेका रे। सुनेअनुसार माओवादीहरू सकेसम्म जनता नमार्ने पक्षमा थिए रे। सेनाले पनि जनतालाई असुरक्षा हुन्छ भनेरै कडा प्रत्याक्रमण नगरेको सुनियो। जित्ने नै भनेर लडेका भए सजिलै जित्न सक्थे रे। अलि फराकिलो र उचाइमा रहेको ब्यारेकबाट तलतिरका माओवादी लडाकुमाथि प्रत्याक्रमण गर्न सजिलो थियो। यसो गर्दा धेरैभन्दा धेरै जनता मारिनसक्थ्यो। सल्लाको काठले बनेका घर जम्मै जोडिएकाले माओवादीले एउटामा आगो लगाइदिए सबै खरानी हुन सक्थ्यो।

अनेक मुखबाट अनेक कुरा सुन्दै म अस्पतालतिर लागें। सधैंझैं विज्ञान शिक्षा तालिम हलको बाटो हुँदै गइरहेकी थिएँ। बाटोभरि गोलीका खोका।

सकेट बम। छल्दै-छल्दै हिँड्नुपर्थ्यो। गोलीले नडामेका घरै थिएनन्। यसले पनि आक्रमण कति भयंकर रहेछ भन्ने अनुमान लगाउन सकिन्थ्यो।

अस्पताल जाँदाजाँदै रोशना बहिनी भेटिइन्। उनलाई देखेर मन ढुक्क भयो। बिचरी रातभरि एक्लै परिन् क्वार्टरमा। बिहानै अस्पतालका सुब्बा जीतबहादुर केसीकहाँ गएर बेस्सरी रोइरहिन् रे। मलाई भने आँसु देखाइनन्। मैले पनि उनको घाउ कोट्टयाउन खोजिनँ।

अस्पतालमा आइएनएफका साथीहरू भेटिए। जुम्ला अस्पताल सुधारका लागि आएका थिए उनीहरू। आइएनएफका नारायणजीले आफ्नो अफिस कोठा देखाउनुभयो। माओवादीहरू ढोकै फोरेर पसेछन्। जुम्लाका सबै घरमा सल्लाका फल्याकको झ्यालढोका राख्ने चलन छ। भाँच्न, फोर्न गाह्रै हुन्न। उनीहरूले कुष्ठरोगका बिरामीले बनाएका हस्तसामग्री राख्ने दराज फुटालेछन्। सबै सामान भुइँमा छरिएका थिए। कम्प्युटर पोको पारेका रहेछन्। लगनचाहिँ लगेनछन्। सेफमा पैसा थियो रे। त्यो पनि केही गरेनछन्।

आइएनएफमा प्राय: कुष्ठरोगका बिरामी छन्। माओवादीहरूले सबै बिरामीलाई एउटै कोठामा राखेछन्। अर्को कोठा खाली गराएर घाइते साथीहरूको उपचार गरेछन्। त्यो कोठामा रगतको आहाल थियो। उनीहरूले राति चलाएका स्लाइन पानीको बोतल, पाइप, रगतले भिजेका कपडा जस्ताको तस्तै थिए। स्लाइन पानीको सेट विशेषखालको थियो। मैले वीर अस्पतालको अपरेसन कक्षमा मात्र त्यस्तो स्लाइन देखेकी थिएँ। अपरेसन गर्दा रगत धेरै बग्यो भने छिटोछिटो निचोरेर स्लाइन पानी झर्नेखालको सेट थियो त्यो।

उनीहरूले त्यहाँ बस्दा मकै, भटमास, बिस्कुट र चाउचाउ खाएछन्। टुक्राटाक्री भुइँभरि छरिएका थिए। आइएनएफ क्वार्टरमा पनि गएछन्। भन्दै थिए रे, 'क्वार्टर रहेछ, मान्छे होला, नत्र उडाइदिन्थ्यौं।'

यति भनेर ढोका ढक्ढकाएछन्।

त्यतिबेला आइएनएफका साथीहरू माथिल्लो तलामा सास थामेर बसिरहेका थिए रे। बाहिर माओवादीले गरेका कुराकानी सबै सुनेछन्। भुइँतलामा बस्ने एकजना कर्मचारीकी श्रीमतीले ढोका खोलिदिइन्।

'को/को छन्?' उनीहरूले सोधेछन्।

'हामीमात्रै हौं हजुर, स्टाफहरू,' ती दिदीले भनिन्।

'जाडो भयो, बाक्लो कपडा केही छ।'

दिदीले भुइँमा लस्करै सुतिरहेका तीनजना छोराछोरीलाई देखाउँदै जवाफ दिइछन्, 'यी बालखाले ओढेका कपडा छन्, त्यही दे भन्नुहुन्छ भने दिन्छु।'

बच्चाहरूलाई देखेर एकजनाले भनेछ, 'यिनकै भविष्यको निम्ति लडिरहेका छौं, यिनलाई नै नांगो पार्न त भएन नि।'

आइएनएफका साथीको कुरा सुनेपछि म अस्पताल पसेँ। कर्मचारी थिएनन्। राति कृष्ण र गंगा (सहयोगी) को ड्युटी रहेछ। सहयोगी कर्मचारी तारालाई साथ लिएर अस्पतालको कुनाकुना चहारेँ। अरूले त 'सर्जमिन नगरी कतै छुन हुन्न' भन्दै थिए। मलाई लाग्यो, अस्पतालमा के को सर्जमिन?

आकस्मिक कक्षका दराजमा ताल्चा झुन्डिएका थिए। ढोका भने ह्वाङह्वाङ्ती। जम्मै फोडेछन्। उपचार क्रममा डाक्टर, नर्सले लगाउने कपडा लथालिंग थिए। निर्मलीकरण गरेर राखेका सामानको पोका खुल्लै थियो। माओवादीको निहुँमा अरू कसैले चप्काएको पनि हुनसक्छ। करिब डेढ वर्ष बस्दा कर्मचारीको चालामाला मैले बुझिसकेकी थिएँ।

माओवादीले आकस्मिक कक्षमा पनि घाइते साथीहरूको उपचार गरेको थाहा पाएँ। उनीहरूका आफ्नै डाक्टर थिए रे। अस्पताल जाउँ भनेर जबर्जस्ती ल्याएका। बीच बाटोमा पुगेपछि पशुका डाक्टर (भेटनरी) भएको थाहा पाएछन्। अस्पतालका डाक्टरको क्वार्टरनिर पुगेपछि उनले आफैं भनेछन् रे, 'हजुर म त पशुको डाक्टर। मान्छेको डाक्टर त यहाँ बस्छ।' उनले माओवादीलाई क्वार्टरतिर देखाइदिएछन्। त्यसपछि माओवादीहरू मान्छेको डाक्टर पनि लिन गएछन्।

डाक्टर पन्नालाल साह जहिल्यै डराइरहेका हुन्थे। सधैं मुख बिगारेर बसेको देख्दा कर्मचारीहरू दिक्क मान्थे। हिजो साँझ पनि डरले थुरथुर

थिए। मलाई भन्दै थिए, 'सिस्टर आज आक्रमण हुन्छ रे, तपाईंले सुन्नुभएको छ ?'

'यहाँ सधैं आक्रमण हुन्छ डाक्टर साहब,' मैले जिस्काएँ।

साहलाई क्वार्टरबाट निस्कनै समय लाग्यो रे। अस्पताल पुग्न करिब एक घन्टा लाग्यो होला भनेर साथीहरू ठट्टा गर्दै थिए। गोली र बमबाट बच्न भुइँमा घिस्रिँदै आएछन्। हातगोडामा चोट लागेर पट्टी बाँधेका थिए। अस्पताल पुऱ्याएपछि माओवादीहरूले उनलाई कुर्सीमा बसालेछन्। कामचाहिँ आफैं गरेछन्।

उनको कालोनीलो अनुहार देखेर एकजना लडाकुले सोधेछ, 'डाक्टर साहबलाई डर लाग्यो ?'

उनले जवाफ फर्काएनन्। लडाकुले आफैं भनेछन्, 'हातले गोली छेकेर भए पनि तपाईंलाई बचाउँछु, धन्ना नमान्नू।'

त्यत्तिकैमा अर्को टोलीले लोकसेवा कार्यालयका निमित्त प्रमुख प्रेमप्रसाद आचार्यलाई ल्याएछ। वास्तवमा उनी सुब्बा हुन्। जुम्ला कार्यालयमा हाकिम नभएकाले निमित्त खान पाए। लोकसेवामा पनि कार्यालय र क्वार्टर सँगसँगै थियो।

माओवादीहरू सरासर प्रेमजीको कोठामा छिरेछन्। एकछिन सोधपुछ गरेपछि भनेछन्, 'ल तपाईं आफ्ना सामान प्याक गर्नुस्।'

उहाँले किताब पनि हाल्न खोज्नुभएको थियो रे। उनीहरूले हप्काइदिएछन्। प्रेमजीको झोला, जुत्ता, मोजा सोधीसोधी लगेछन्। सामान झिक्ने क्रममा क्यामरा देखेर त्यो पनि मागेछन्।

उहाँले भन्नुभएछ, 'यो क्यामरा मेरो होइन, साथीको हो।'

'साथीको चाहिँ लग्न हुन्न ?' उनीहरूले थर्काएछन्।

त्यो क्यामरा वास्तवमा रोशना बहिनीको रहेछ।

उनीहरूले ज्याकेट पनि मागेका थिए रे। प्रेमजीसँग एउटामात्रै रहेछ। आफैंले लगाइराखेका थिए। फुकाल्न खोज्दा 'भो भो पर्दैन' भनेछन्।

म साथीहरूसँग कुरा गर्दै अघि बढिरहेकी थिएँ। अस्पतालको भण्डार कोठा पुगेँ। माओवादीले भताभुंग पारेछ। मैले तीन दिनदेखि धूलो खाईखाई आकस्मिक, अपरेसन र प्रसूति सेवाका सामान छुट्ट्याएकी थिएँ। कामको आधारमा सेट मिलाएर लेबलिङ गरेकी थिएँ। भण्डार कोठामा केही स्ट्रेचर, रक्तचाप जाच्ने उपकरण लगायत सामान थिए। सबै चलाएछन्। माओवादीले हो कि, अरू कसैले ?

यसबीच सनाखत भएका शव पोस्टमार्टम गर्न अस्पताल ल्याइयो। पोस्टमार्टम कक्ष वरपर टन्नै भिड लागेको थियो। मारिएकाहरूका आफन्त छाती पिटीपिटी रोइरहेका थिए। कोही चिच्याइरहेका थिए।

यतिन्जेल हामी बाहिरबाट आएका कर्मचारी कसैले घरपरिवारसँग सम्पर्क गरेका थिएनौं। जुम्ला आक्रमणबारे रेडियो, टेलिभिजनले समाचार फुकेको फुक्यै हुनुपर्छ। खबर सुनेर घरकाले कति चिन्ता मानिरहेका होलान् ? म छट्पटिएँ। जसरी पनि आफू बाँचेको खबर नदिई भएको थिएन। टेलिफोन गरुँ भने लाइन काटिएको थियो। हाम्रा सुरक्षा संयोजकसँग भएको स्याटलाइट फोन प्रयोग गर्न खोजें। भएन। बरु उनले सैनिक ब्यारेकको स्याटलाइटबाट सम्पर्क गर्न सुझाव दिए।

हामी बाटोभरि छरिएका गोली र सकेट बमहरू छल्दै ब्यारेकतिर लाग्यौं।

गेटमा भएका सुरक्षाकर्मीमार्फत् मेजर हिरामान जोशीलाई खबर पठायौं। उहाँसँग पहिल्यै भेट भएको थियो। नयाँ अस्पताल भवन बनाउन लागेकीले सबै मलाई चिन्थे। फेरि जिल्लाभरिमै म एक्लो महिला अधिकृत थिएँ।

मेजरले सजिलै हामीलाई समय दिनुभयो।

उहाँको बोली त ख्याप्पै सुकेको रहेछ। आवाज धोत्रो सुनिन्थ्यो। अनुहार थकित देखिन्थ्यो। खुसी पनि हुनुहुन्थ्यो। सैनिक ब्यारेक जोगाउन सफल भएकोमा हामीले बधाई दियौं। उहाँले 'धन्यवाद' भन्नुभयो।

केही बेर माओवादी हमलाको कुराकानी भएपछि हामीले स्याटलाइट फोनमार्फत् घरमा सम्पर्क गर्ने अनुमति माग्यौं। उहाँले नाइँनास्ती गर्नुभएन।

हामी सबै कर्मचारीले आ-आफ्नो नाम, ठेगाना र टेलिफोन नम्बर टिपायौं। उहाँले सबैका घरमा खबर गरिदिने आश्वासन दिनुभयो।

गरियो कि गरिएन, पछिसम्मै थाहा पाइनँ।

ब्यारेकमै मैले इन्स्पेक्टर अमर बम र उहाँकी श्रीमती विष्णुलाई भेटेँ। दुवैले ज्यान बचेकोमा बधाई दिनुभयो। मैले पनि बधाई दिएँ। ज्यानै जोगिएकोमा बधाई लिने-दिने समय आएपछि के गर्नु!

'राति ११ बजेतिर सिडिओ कार्यालय र गुल्म सबै जलेको देखेर तपाईंहरू पनि पर्नुभयो कि भन्ने लागेको थियो,' मैले भनेँ, 'धन्न केही भएको रहेनछ।'

उहाँहरूले पनि त्यस्तै कुरा गर्नुभयो।

अमरजीका श्रीमान्-श्रीमतीलाई मैले अस्पतालमै चिनेकी हुँ। विष्णुजीको उपचार गर्न आउनुभएको थियो। अस्पतालमा डाक्टर नहुँदा र अलि विशिष्ट व्यक्ति बिरामी पर्दा मलाई नै सम्पर्क गरिन्थ्यो। उहाँहरूको घर महेन्द्रनगर हो। श्रीमतीको माइती भैरहवा। श्रीमान्ले लामो समयदेखि विदा नपाएपछि विष्णुजी छोराछोरीलाई 'होस्टल' राखेर जुम्ला बस्न आउनुभएको थियो।

माओवादीहरूले सिडिओ कार्यालय हानेपछि उहाँहरू आफ्नो घरबाट भागेर नजिकै भगवती श्रेष्ठकहाँ शरण लिन पुग्नुभएछ। 'भगवतीकी बहिनीले हाम्रो स्वर चिनेर तुरुन्तै ढोका खोलिदिइन्,' विष्णुजीले आँखाभरि आँसु पार्दै भन्नुभयो, 'नत्र अहिले तपाईंलाई कहाँ भेट्न पाइन्थ्यो र!'

जिन्दगीमा पहिलोचोटि प्रत्येक व्यक्तिलाई भेट्दा पुलकित भइरहेकी थिएँ म। यस्तो लागिरहेको थियो, सबैलाई वर्षौंपछि भेट्दैछु। हुन पनि मृत्युयात्राबाट सकुशल फर्केर आएपछिका प्रथम भेट थिए ती, जुन हामी सबैका निम्ति खास थिए। जिन्दगी भनेको संयोगै-संयोगले बाँचेका समयको संगालो न रहेछ। मरीलानु केही छैन। कसैसँग रिसाएर, चित्त दुखाएर, बाझेर केही पाइन्न। खालि मर्ने बेला छाती भारीमात्र हुन्छ।

बम दम्पतीलाई भेटेपछि म सोझै टुँडिखेलतिर गएँ।

भिडभाड निकै बढेछ । पत्रकारहरू थुप्रै थिए । चिनेका पत्रकार छन् भने घरमा खबर पठाउन पाइएला भन्ने आस पलायो । भिड छिचोल्ने कोसिस गरेँ । उनीहरूको क्यामरामा पर्न पाए पनि अखबार र टेलिभिजनमा तस्बिर आउन सक्थ्यो । घरकाले त्यही तस्बिर हेरेर म बाँचेको थाहा पाउने थिए । तर, मेरो प्रयास सफल भएन । म ढिलो पुगेछु ।

म अलिकति हार र अलिकति निराशा बोकेर जुगाड खोलाको पुल हुँदै घर लागेँ । बाटोमा विज्ञान शिक्षा तालिम हल पर्‍यो । नराम्ररी जलेको रहेछ । धुवाँको मुस्लो अझै पुत्ताइरहेकै थियो । घर अघिल्तिर रगतको आहाल थियो । एकजना प्रहरी केही खोजिरहेका थिए ।

'के खोज्नुभएको एक्लै ?' मैले सोधेँ ।

'डिएसपी (बिजेश्वर) साहब मारिनुभएको यहीँ हो,' उनले भने, 'केही प्रमाण भेटिन्छ कि भनेर खोजेको ।'

म उनलाई मद्दत गर्न रगतको आहालमा आँखा दौडाउन थालेँ । एउटा डढेको ठेउलोजस्तो सानो टुक्रो फेला पर्‍यो । नडढेको सेतो प्लास्टिकको सहायताले उठाएँ । मान्छेकै हाड रहेछ । मेरुदण्डको हुनुपर्छ ।

'डिएसपी साहबकै हड्डी हो यो,' ती प्रहरीले भने ।

'कसरी भन्नुभयो ?'

'उहाँले लाउनुभएको बेल्टको टुक्रा र जुत्ता यहीँ भेटियो ।'

जवाफ सुनेर म केही बोल्न सकिनँ । एकछिन टोलाएर बसिरहेँ । त्यसपछि उनी टुँडिखेलतिर लागे, म जिल्ला प्रहरी कार्यालय हुँदै घर ।

डिएसपी बिजेश्वरको शवको टुक्रा भेटिएको घटनाले मलाई व्याकुल बनायो । उहाँले आफ्नो सेटमा 'म वसन्ती होटलको बाटो आउँदै छु' भन्नुभएको थियो रे । यही सुनेपछि आक्रमणकारीले उहाँलाई नै ताकेर विज्ञान शिक्षा भवनमा बम हानेका रहेछन् । अलि कालो वर्णको हुनुहुन्थ्यो उहाँ । साह्रै सालिन पाराले बोल्नुहुन्थ्यो । 'म बाबुराम भट्टराईको सहपाठी हुँ' भन्नुहुन्थ्यो ।

कामको दबाबले हो वा अरू कुनै कारणले, कहिलेकाहीँ बिहानै बियर पिउनुहुन्थ्यो। होटलमा बस्ने भएकीले जुम्लामा काम गर्ने ठूलाबडाले के-के खान्छन्, कति खान्छन्, मलाई मोटामोटी थाहा थियो।

संकटकालमा सुरक्षाकर्मीलाई छुट्टी नदिने गृह मन्त्रालयको उर्दी थियो। त्यही भएर उहाँ दसैं-तिहारमा पनि जुम्लै बस्नुभएको मैले देखेकी थिएँ। एक साताअघि मात्र उहाँकी छोरी भेट्न आएकी थिइन्। अघिल्लो साँझ कार्यक्रममा भेट्दा छोरीलाई नै सम्झिरहनुभएको थियो। बाबुछोरीको अन्तिम भेट त्यही बन्न पुग्यो।

म घर पुग्नासाथ सुनील दाइ र मदनजी आइपुग्नुभयो। उहाँहरूले नयाँ खबर ल्याउनुभएको थियो। माओवादीले हाम्रो होटलभन्दा पश्चिमका सबै घरबाट चाउचाउ, बिस्कुट, कपडा, कम्मल, जुत्ता लुटेर लगेछन्।

हाम्रो घरमात्र नलुट्नुमा के कारण होला? हामी यही विषयमा एकछिन घोत्लियौं। सायद बजारको पहिलो घर भएकाले। वा, ब्यारेकबाट सजिलै देखिन्छ भनेर हो कि? अर्को तर्क पनि आयो। कसले कमान्ड गरेको थियो, त्यसमा भर पर्छ रे। पर्वत, अंगत, नरेशजस्ता माओवादी नेताले राम्ररी चिन्छन्। उनीहरूकै कमान्ड थियो कि?

साँझ पर्न लागेको थियो। जुम्लामा दुई बजेतिरै अग्ला पहाडले घाम छेल्न थाल्छ। चाँडै साँझ परेजस्तो हुन्छ। चिसो उत्तिकै। हामी आगो ताप्ने तर्खरमा लाग्यौं। त्यही बेला बाहिर जोडले ढोका हानेको सुनियो। गोरखबहादुर काउ (काका) आउनुभएको रहेछ। उहाँ डाँको छाडेर रुनुभयो। पाको उमेरका मान्छे त्यस्तरी रोएको देखेर म त अक्कबक्क परेँ। एकछिन हामी सबै आत्तियौं। उहाँको घरमा केही भएछ कि, कोही मारिएछन् कि, घर जलाइएछ कि वा लुटिएछ कि भन्ने शंका मनमा खेल्न थाले।

गोरखबहादुर काकालाई खासमा माओवादीले धेरै समयदेखि घर बस्न दिएको थिएन। हामीसँगै बस्नुहुन्थ्यो। कहिलेकाहीँ लुकिछिपी घर जानुहुन्थ्यो। दाइभाउजू र उहाँको परिवारमा दसैं-तिहारको टिकाटालो चल्थ्यो।

उहाँको त्यस्तो हाल देखेर हामी केही बोल्नै सकेनौं। एकअर्काको मुख हेरिरह्यौं। मैले नै आँट गरेर सोधेँ, 'के भयो दाइ ? घरमा केही गरे माओवादीले?'

'केही भएको छैन नानी,' उहाँले भन्नुभयो, 'म त खुसीले रोएको। रातभरिको घटनापछि कसैलाई देख्न पाउँदिन कि भन्ने लागेको थियो। सबैलाई देखेर रोएको।'

बिचरा काकालाई रातभरि साह्रै दुःख दिएछन् माओवादीले।

उहाँ राति बहिनी-ज्वाइँकहाँ जानुभएको रहेछ। उहाँका ज्वाइँ तीर्थबहादुर बुढा जिल्ला विकास समितिका सभापति हुनुहुन्छ। माओवादीले 'तेरो ज्वाइँ कहाँ छ, देखा' भन्दै त्याखत्याख्ती पारेछन्।

'म त पाहुना मान्छे, अहिलेमात्र आएको, केही थाहा छैन,' उहाँले हात जोडेर बिन्ती गर्दै भन्नुभएछ।

केही सीप नलागेपछि आक्रमणकारीले एउटा कागज तेर्स्याउँदै थर्काएछन्, 'त्यसो भए हामीलाई यो लिस्टमा भएका मान्छेको घर देखा।'

ज्यान जोगाउन उहाँसँग अर्को विकल्प थिएन।

रातभरि उनीहरूसँग हिँड्दै कसैको घर देखाइदिनुभएछ, कसैको 'चिन्दिनँ' भन्नुभएछ। चार बजेसम्म सँगसँगै हिँडाए रे। बिहान कालिकोटतिर जाने बाटोको तलैसम्म पुगेपछि मात्र फर्काइदिएछन्।

'अहिले सरासर त्यहीँबाट आउँदैछु,' उहाँले भन्नुभयो।

उहाँले त्यस्तरी डाँको छाड्नुमा हामीलाई जीवित देखेको खुसी त थियो नै। सँगसँगै, आफू बाँचेको हर्ष पनि थियो।

र, केही हदसम्म माओवादीले भनेबमोजिम घर देखाइदिएकोमा पछुतो हुनसक्छ।

दिनभरि जुम्ला बजार चहारिरहेकीले म लखतरान थिएँ।

हामीले एकपछि अर्को नयाँनयाँ खबर सुनिरहेका थियौं। तनहुँका एकजना ओभरसियरको जुम्ला जिल्ला विकासमा दरबन्दी रहेछ। उनी अध्ययन विदाको कागज मिलाउनमात्रै आएका रहेछन्। राति पल्लोघर (पाहुनाघर) मा सुतेका थिए। एक्लै परेछन्। नयाँ ठाउँ, त्यसमाथि भीषण माओवादी हमला। उनको सातो गएछ। रातभरि घरको खाटमुनि बिताएछन्।

हिजैको दिन जुम्ला छाड्ने केही भाग्यमानीको नाम पनि सुनियो। सेनाको हेलिकोप्टर लिएर आएका पाइलट अनिल कार्कीका दाजु गौरीबहादुर पुनरावेदन अदालत जुम्लामा न्यायाधीश हुनुहुन्छ। उहाँ र स्थानीय विकास अधिकृत हरि वशिष्ठ सेनाको हेलिकोप्टरमा फर्कनुभएको रहेछ।

अर्को एउटा हल्ला दिनभरि जुम्लामा त्रास बनेर छाइरह्यो – माओवादीले फेरि आक्रमण गर्छ। उनीहरूको उद्देश्य ब्यारेकै कब्जा गर्नु हो। हिजो राति भौगोलिक अवस्थाले लक्ष्य पूरा भएन। नक्सा पनि फरक पर्‍यो रे। अरू आक्रमणमा भन्दा माओवादीतर्फ बढी क्षति पुगेको खबर पनि आएको थियो। माओवादीले सबभन्दा लामो समय भिडन्त गरेको र धेरै गुमाउनुपरेको ठाउँ जुम्लै हो भन्ने सुनियो। उनीहरू अझै वरपरका गाउँमा छन्। घरघर लुकेर बसेका छन्। मौका हेरेर फेरि आक्रमण गर्न सक्छन्।

यस्तो हल्लाबीच जिल्लाबाहिरबाट आएकाहरू जतिसक्दो चाँडो यो युद्धभूमि छाडेर घर फर्कन आतुर थिए। आफू बाँचे पनि घरपरिवारकाले सुर्ता मानेपछि कसैलाई जागिरको वास्ता थिएन।

तर, जुम्लीहरू कहाँ जाने? उनीहरू त यहींका हुन्। यहीं जन्मे। यहीं हुर्के। असुरक्षा भयो भनेर पुर्खौली थातथलो लथालिंग छाडेर कहाँ हिंड्ने? जाने ठाउँ नै कहाँ छ?

जब त्रासको कुनै विकल्प हुँदैन, तब एउटै चिजको गुन्जायस रहन्छ – साहस।

हामीले छिट्टै खाना खाएर सुत्ने योजना बनायौं। परिवारका सबैजना एउटै कोठामा घन्चमन्च गरेर पल्टियौं। भाइबहिनी र दाइ खाटमा सुत्नुभयो। भाउजू, हजुरआमा, ठूलो बाबु र म भुइँमा।

कोठामा बत्ती थिएन। टुकी बाल्ने जाँगर चलेन। एक शब्द बोल्नधरि चाहेनौं। आँखा ट्वाल्ल पारेर चुपचाप दलिन हेरिरहौं। के थाहा, फेरि गोली र बमको आवाजले उठ्नुपर्ने हो कि?

को कतिखेर निदायौं, पत्तै भएन।

□□

छ

दोस्रो दिन

२०५८ कात्तिक ३० गते ।

अछाम मंगलसेनको घटनामा परेका विश्वराज भट्टजी मेरै अफिसमा काम गर्नुहुन्थ्यो, कैलालीमा । उहाँले मंगलसेनमा भएको माओवादी हमलाको विवरण सुनाउनुभएको थियो ।

'आफू नपरुन्जेल सुरक्षा नीति सजिलो र राम्रो लाग्छ,' उहाँको भनाइ थियो, 'परेपछि काम गर्न गाह्रो हुन्छ ।'

सुरक्षा नीतिमा कर्मचारीहरूलाई जतिसक्दो चाँडो आक्रमण स्थलबाट झिकाउने वा 'रेस्क्यु' गर्ने भनिए पनि हेलिकोप्टरको प्रक्रिया मिलाउनै समय लागेको उहाँले बताउनुभयो । भन्नुभयो, 'गृह मन्त्रालय, एयरपोर्टजस्ता निकायको स्वीकृति लिँदालिँदै ढिला हुँदो रहेछ ।'

उहाँको कुरा सम्झेर तुरुन्तै हेलिकप्टर लिन आइहाल्छ भन्नेमा मलाई रत्तिभर विश्वास थिएन । दोस्रो दिन भने अलिअलि आस लागेको थियो । खबरै नगरी एकाएक आइहाल्छ कि !

आक्रमण नभएको भए म हिजै सुर्खेत पुगिसकेकी हुन्थेँ । त्यहाँ संक्रमण नियन्त्रणको फलोअप कार्यक्रम थियो । सिवेडका मदन भट्टजी पनि सँगै जान्छु भन्दै हुनुहुन्थ्यो । उहाँको आज दिल्ली जाने कार्यक्रम थियो । कर्मचारीलाई तलब खुवाउने र अरू प्रशासनिक कामले अड्किनुभएको रहेछ ।

मदनजी उज्यालो नहुँदै मकहाँ आउनुभयो । सुरक्षाका कुरा भए । 'हाम्रो अफिसको सुरक्षाका साथीहरू तपाईंलाई पनि रेस्क्यु गर्ने योजनामा

हुनुहुन्छ,' उहाँले भन्नुभयो, 'समन्वय भइरहेको हुनुपर्छ। नभएको भए सँगै तल झरौला।'

तल झर्न पाए सुर्खेत वा नेपालगन्ज पुगेपछि जसरी पनि पैसा जोहो गर्न सकिन्छ भन्ने उहाँको विचार थियो।

मदनजीसँगको सल्लाहपछि म बाहिर हिँड्ने लुगा लगाएर एयरपोर्टतिर निस्किएँ। मैले अस्ति साँझै आफ्नो झोला ठिक पारिसकेकी थिएँ।

सिडिओ कार्यालयबाट अझै धुवाँ पुत्ताउँदै थियो। घरका भित्ता एकपछि अर्को ढल्दै थिए। आक्रमणको दोस्रो दिन पनि बजार मौन थियो। दिउँसै उज्यालो रातजस्तो सुनसान। बाटोमा केटाकेटीधरि भेटिएनन्। खालि माओवादीले फोरेका पसल थिए, ह्वाङ्गै। बाटोमा भेटिएकाहरूले भनेअनुसार बजारका घरघरमा प्रहरीको खोजी भएको थियो रे। माओवादीले प्रहरीलाई खोजीखोजी मार्ने वा अपहरण गर्ने नीति लिएको छ भनेर गाउँलेहरू सुनाउँथे।

जुम्लाको रूपरंगै बदलिएको थियो। कसैको कसैप्रति भर थिएन। तै भर गर्नुपर्ने बाध्यता थियो। मुटु कटकटी खाए पनि दुनियाँलाई हेरेर बाँच्नुपरेको थियो। हाँस्नुपरेको थियो। पहिले सिडिओ कार्यालयको पर्खालदेखि टन्न प्रहरी ड्युटीमा खटिएका देखिन्थे। त्यस दिन कोही थिएन। कसैले रोक्दा पनि नरोक्ने। सिडिओ दामोदर पन्तको अनुहार झल्झल्ती सम्झेँ। मन भावुक भएर आयो।

म आफूलाई बहलाउन चन्दननाथ मन्दिरतिर लागेँ। चन्दनाथको मन्दिरमा द्वन्द्वको नामनिसान थिएन। मन्दिरसँगै साधुहरू बस्ने स-साना घर दुरुस्तै थिए। बजारमा त्यत्रा मान्छे मरे। २८ वटा अफिसघर जले। करोडौंको क्षति भयो। मारिने वा बाँच्नेहरूले यही चन्दनाथ बाबाको नाम कति पुकारे होलान्। ती कसैको पुकार सुनिएन। मन्दिर भने जस्ताको तस्तै। भगवानले सामाजिक न्याय कति गरे, यो कुरा तिनै भगवान्ले जानून् वा उनका परमभक्तले।

मन्दिर पारिपट्टि गुल्मको अफिस छियाछिया थियो। टलक्क परेका कलश, सफा फूलबारी, चिटिक्क परेको घर, पोसाकमा सजिएका प्रहरी सब खत्तम।

ती सबै हाम्रो सम्झनामा मात्र बाँकी थिए। बाहिर पेटीमा रगतको टाटैटाटा देखिन्थ्यो। भूत बंगला भन्न सुहाउने।

सिडिओ कार्यालयको सालिकनिर सिडिओका एक सुरक्षागार्डलाई सादा पोसाकमा देखें। नजिक गएर नमस्कार गरें। उनले नमस्ते फर्काए। तर, केही बोलेनन्।

कुरा बढाउन सजिलो होस् भनेर मैले आफैं प्रश्न गरें, 'भाइ अस्ति राति सिडिओ साहबसित थियौ?'

उनलाई आफ्नो व्यथा कोसित पोखुँ भइरहेको रहेछ। फर्र भन्न थालिहाले।

'आक्रमणकारीहरू एकैचोटि सिडिओ कार्यालयमाथि उक्लिन थालेपछि मात्र हामीले हमला भएको थाहा पायौं। तल फाँटभरि टन्न माओवादी आएर सिडिओ कार्यालय घेरिसकेका रहेछन्। हाम्रा साथीहरू गुल्मतिरबाट फायरिङ गरिरहेका थिए। मैले साहबलाई बिन्ती गरें, 'अब हामी लड्न सक्दैनौं, भागौं।' उहाँ अलि आत्तिनुभएको थियो। अब के गर्ने भनेर छट्पटिरहनुभएको थियो। मैले फेरि बिन्ती गरें, 'साहब, जे होला होला, अहिलेलाई यहाँबाट निस्किहालौं।' उहाँले 'तिमीहरू जाऊ, म यहीं बंकरभित्र पस्छु' भन्नुभयो। र, तुरुन्तै बंकरभित्र छिर्नुभयो।'

जुम्लामा आक्रमणको तीखो हल्ला चल्न थालेपछि सुरक्षाको निम्ति बंकर बनाइएको थियो। मैले 'बंकर' भन्ने शब्द यहीं आएर बुझेकी हुँ।

सिडिओका ती सुरक्षागार्डले आफ्नो कथा सुनाइरहेकै थिए, 'माओवादीले साढे १० देखि पौने ११ भित्र कार्यालयमा बम हान्यो। मलाई लाग्छ, उहाँ बंकरभित्र धुवाँले निस्सासिएर मर्नुभयो।'

'आँखामा गोली लागेको थियो नि त?' मैले जिज्ञासा राखें।

'चोट लागेपछि कहाँ भाग्न सकिन्छ,' उनले भने, 'म उहाँलाई बंकरमा छाडेर बाहिर आउँदा चौरभरि (सिडिओ कार्यालयको चौर) टन्नै माओवादी थिए। मेरो साथी र म घरको छेउछेउ दौडिन थाल्यौं। मेरो साथीलाई पछाडि गोली लाग्यो। उसले 'ऐया... आमा... मरे... पानी... पानी...' भन्यो। मैले

पनि होसहवास गुमाइसकेको थिएँ । तैपनि बल गरेर अगाडि बढ्दै थिएँ । जाँदाजाँदै अगाडि फेरि अर्को जत्थासँग भेट भयो ।'

म एकोहोरो उनको कुरा सुनिरहेकी थिएँ ।

'त्यो जत्थाले 'को हो' भनेर सोध्यो । मैले अघि भर्खर 'किशन कमरेड' भनेर नाम लिएको सुनेको थिएँ । त्यसै बेला याद भयो । मनमनै भगवानलाई सम्झेर 'किशन कमरेड' भनेँ । वास्तवमा उनीहरूलाई आफ्ना को साथी कहाँ छन् थाहा रहेनछ । 'ल ल' भनेर आफ्नो बाटो लागे ।'

माओवादीको सिकार हुनुबाट बचेर उनी नजिकको घरमा पुगेछन् । ढोकामा जोडसँग हिर्काएछन् । पहिले त ढोका खोलिदिन कोही आएन रे । उनले लगातार हानेको हान्यै गरेपछि एकजना मान्छे डराईडराई ढोका खोल्न आएछ । अनि रातभरि त्यही घरमा बसेर ज्यान जोगाएछन् ।

आफू बाँचेको खबर सुनाउँदा उनी खुसीभन्दा बढी भावुक भइरहेका थिए । आँखा रसाएका थिए । कुराकानी अझै केही बेर लम्बिए तुरुक्कै आँसु झर्ला कि जस्तो भएको थियो उनको अनुहार ।

'सब खरानी भयो,' जलेको सिडिओ कार्यालयतिर देखाउँदै भने, 'त्यता हेर्न पनि मन छैन ।'

सिडिओको सम्झनामा उनका सुरक्षागार्डको वेदना थपेर म एयरपोर्टतिर लागेँ ।

बाटोमा शिक्षा कार्यालय पर्‍यो । त्यो पनि जलेर ध्वस्त भएको थियो । शिक्षा कार्यालयमा बम पड्काउँदा वरपरका घर अलिअलि जलेको, चर्केको र भत्किएको रहेछ । माथि अलि उकालोमा एयरपोर्ट टावरका प्रमुख दीपकजीको क्वार्टर र नजिकैको गेस्टहाउस जलेर खरानी भएका थिए ।

एयरपोर्टमा भने बिहान उज्यालो भएपछि आगो लगाएका हुन् । एयरपोर्ट टावर उद्घाटन भएको धेरै भएकै थिएन । नयाँ एयरपोर्ट र नयाँ टावरले जुम्लाको रौनक फेरिन नपाउँदै आक्रमणको निशानामा परेका थिए । टावरको भित्तामा बुट्टा भरेजस्तो प्वालै प्वाल देखिन्थ्यो । झ्यालढोकाका खापा

जलेका थिए। सिसा फुटेर छताछुल्ला। धुवाँले पहेँलो रङको घर कालो भएको थियो।

मलाई दीपकजीसँग भेट्न मन लाग्यो। उहाँ श्रीमती र छोराका साथ जुम्लामा बस्नुभएको थियो। मैले खोजी गरेँ। भेट भयो। उहाँकै साथ लागेर टावरमाथि चढेँ।

'आज त भन्न सक्दिनँ, भोलिदेखि जहाज आउन सक्छ,' दीपकजीले भन्नुभयो, 'आर्मीले खबर गरिरहेका होलान्।'

टावर जलाउन प्रेसर कुकर बम प्रयोग गरेको थाहा भयो। कुकरको बिँड त्यहीँ भेटिएको थियो। सकेट बमहरू पनि फेला परे।

'एयरपोर्ट हानेको त बिहानमात्रै हो नि,' मैले कुरा झिकेँ, 'म घरबाट हेर्दै थिएँ, झ्यालबाटै जलिरहेको देखेँ।'

दीपकजीले आफ्नो अनुभव सुनाउन थाल्नुभयो।

त्यस रात १० बजे नै माओवादीको एउटा जत्था एयरपोर्ट पुगेको थियो। 'आज आक्रमण हुँदैछ, हामी टावरसावर केही छाड्दैनौं, तर तपाईंहरू सुरक्षित रहनुहुनेछ,' उनीहरूले भने, 'हामी भोलि बिहानमात्रै आउँछौं।'

रातभरि भिडन्त भयो। उज्यालो भइसक्दा पनि माओवादी नआएपछि एयरपोर्ट कर्मचारीहरू खुसी भए, टावर बच्ने भयो भनेर। त्यही बेला दुईजना केटीको आवाज सुनियो।

'तपाईंहरू घर छोड्नुस्, हामी यहाँ बम पड्काउँदैछौं,' उनीहरूले चेतावनी दिए।

दीपकजीले कुनै विवाद नगरी घर छाड्नुभयो।

अनि टावरमा बम पड्कियो।

दीपकजीले घटना सुनाउँदा-सुनाउँदै केही मान्छे होहल्ला गर्दै हामीतिर आए। सबै एकैचोटि कराएकाले बोली बुझिन्थेन। खासमा त्यहाँ बम फेला परेछ। पड्किन्छ कि भन्ने त्रासले उनीहरू अत्तालिएर भागेका रहेछन्।

एयरपोर्ट जाने बाटोको अर्कोतिर तिला नदीको छेउमा साल्ट ट्रेडिङ र खाद्य संस्थानको अफिस थियो। गाउँलेको भनाइमा हिजो राति (आक्रमणको भोलिपल्ट) माओवादीहरू फेरि आएका थिए रे। खाद्यान्न चोरेर लगे भन्ने हल्ला थियो। म त्यो हल्ला साँचो हो कि होइन बुझ्न गएँ।

हल्लै रहेछ।

हमला र हल्ला सायद एकअर्काका परिपूरक हुन्। हमला भएपछि स्वाभाविक रूपमा ठुल्ठूलो हल्ला चल्न थाल्छ। बेस्कन हल्ला चलाएर हमला गर्नु पनि माओवादी रणनीति नै भएको बुझिन्छ। कतिसम्म भने, ब्यारेक कब्जा गरेपछि सुर्खेत वा नेपालगन्जबाट आउने हेलिकोप्टरलाई 'ग्रिन सिग्नल' दिने, र त्यसलाई 'हाइज्याक' गर्ने हल्ला चलेको थियो। खाद्य संस्थानको गोदाममा भएभरका चामल लुटेर जनतालाई बाँड्न लागेको हल्ला पनि सुनेकी थिएँ।

म एक्लै जसले जे सुनाउँछ सुन्दै हिँडिरहेकी थिएँ।

आज कुनै हालतमा जहाज नउड्ने देखेपछि म अस्पताल फर्कें। सबै साथीलाई सान्त्वना दिएँ। केही गरी सुर्खेत झर्न पाइहालें भने सबैका घरमा खबर पठाइदिउँला भन्ने बाचा गरें। र, सबैसँग बिदावारी भएर घर आएँ।

जुम्लाको अत्यासलाग्दो वातावरण र घरपरिवारको सम्झनाले मलाई के/के हराएजस्तो भइरहेको थियो। उद्देश्यविहीनजस्तो लागिरहेको थियो आफैंलाई।

त्यसैले, घरमा अडिरहन सकिनँ।

म कृषि केन्द्रतिर गएँ। कृषि विकास बैंक, कृषि अनुसन्धान केन्द्र भवनहरू केही बाँकी थिएनन्। गहुँ जलेर साह्रै नमीठो गन्ध आइरहेको थियो। मैले केटाकेटी छँदा दुइटा घर जलेको देखेकी थिएँ। त्यतिबेला डढेका काठ, पोलेको खाटो बोकेर हिँडिरहने भैंसी मेरो मानसपटलमा आगलागीको नराम्रो छाप बनेर बसेका थिए। यहाँको भग्नावशेष त्योभन्दा कैयौं गुणा भयंकर थियो।

कृषि केन्द्रको चौरमा एउटा ट्र्याक्टर थियो। त्यो पनि जलाइदिएछन्। त्यही आँगनमा दुईचारजना कर्मचारी थिए। म त्यसबेलासम्म कृषि केन्द्र गएकी थिइनँ। कामै पर्थेन। अलि टाढा पनि थियो। सिडिओ कार्यालयमा हरेक

महिना ३ गते हुने बैठकमा भने उनीहरूसँग देखादेख हुन्थ्यो। फेरि अहिले माओवादी आक्रमणपछि हामी सबै एउटै ड्याङमा थियौं। बोल्न छेकबार थिएन।

म विस्तारै उनीहरू भएतिरै गएँ।

त्यसमध्ये एकजनाले आक्रमणपछि घरबाहिर बस्न सुरक्षित ठानेछन्। उनी रातभरि नजिकैको होचो, झ्याम्म परेको सल्लाको रुखमा चढेछन्।

'मेरो आँखाले भ्याएजति माओवादी नै माओवादी थिए,' उनले सम्झे, 'यति नै थिए भन्न सक्दिनँ। जता हेर्‍यो उतै थिए। भनौं न, दस हजारजति थिए होलान्।'

जुम्लाको ठिहिरो रातमा बाहिर बस्नु आफैंमा सकसपूर्ण काम हो। त्यसमाथि नाइटभिजन हेलिकोप्टरले आकाशबाट लगातार गोली र बम बर्साउँदा रातभरि रुखमा बसेका ती कर्मचारीले भने, 'कसरी बाँचें, मैलाई थाहा छैन।'

मलाई उनको करा सुनेरै भाउन्न छुट्यो। नबोली उठेर हिँडे, मदनजीको डेरातिर। उहाँको अफिस पूरै जलेको रहेछ। नाइटभिजनले फ्याँकेको बम त हातेमदानी जस्तो हुँदो रहेछ। माथिबाट फ्यालेकाले होला, भुइँमा झन्डै एक फुट खाल्डो परेर गाडिएको थियो।

त्यहाँबाट म दूरसञ्चार कार्यालयतिर लम्कें। भग्नावशेषमात्र बाँकी थियो। दुईचार दिनअघि नयाँ टेलिफोन व्यवस्था भएको सुनेकी थिएँ। त्यहाँ नाम टिपाएर फोन गर्न पाइन्थ्यो। एकचोटि फोन गर्न दुईदेखि चार घन्टा लाग्थ्यो। माओवादीले नयाँ मेसिनबारे थाहा पाएनछन् क्यारे। पुरानो घरमात्रै उडाएका थिए।

दूरसञ्चार अगाडि जिल्ला प्रहरी कार्यालयनिर दुईजना बूढाबूढी छतमा ह्वाँह्वाँ गर्दै डाँको छाडेर रोइरहेको देखें। सधैं अफिस जाँदा दुवैलाई छतमा केही गरिरहेको देख्थें। बोलचाल भने भएको थिएन। आक्रमणको दोस्रो दिन यस्तरी किन रोए होलान् भनेर मलाई खुल्दुली लाग्यो। छेउछाउका मान्छेलाई सोधें।

'माओवादीले छोरालाई पुलिसमा जागिर खुवाउने भनेर बेस्सरी पिटेछन्,' उनीहरूले भने ।

प्रहरीमा जागिर खाने, खुवाउने र नाता पर्ने सबैलाई यसैगरी पिटेका थिए, माओवादीले । बिहान हुँदै गएपछि त उनीहरू झन् तनावमा थिए रे । भोकले हो कि हारियो भनेर, त्यस्तो जाडोमा पनि चिसो पानी घट्घट्ती पिउँथे रे । स्याउ गऱ्यामगऱ्याम एकैछिनमा भ्याउँथे रे । जुत्ताहरू खोजीखोजी लगेछन् । जुनजुन घरमा पसे, त्यहाँबाट आफ्ना पुराना जुत्ता साटेर नयाँ लगेछन् ।

गाउँ चहार्दै गर्दा राष्ट्रिय वाणिज्य बैंकका प्रबन्धक बाबुकाजी सिलवाललाई चुलोको छेउमा झोक्राएर बसिरहेको देखें । बैंक ध्वस्त भएको मलाई थाहा थियो । उहाँकै मुखबाट घटना सुन्ने उत्सुकता जाग्यो ।

टुँडिखेल र ब्यारेकको बीचमा स्थानीय व्यापारी धर्मराज रावलको घर भाडामा लिएर वाणिज्य बैंक राखिएको थियो । त्यही घरको माथिल्लो तलामा सिलवालजीको क्वार्टर थियो । सुरक्षाका कारण उहाँ दसैं-तिहारमा घर जान पाउनुभएको थिएन । दसैंको छुट्टीमा श्रीमतीलाई नै जुम्ला झिकाउनुभएको थियो । करिब १० बजेतिर उहाँले बैंकको गार्डलाई भन्नुभएछ, 'राम्ररी ड्युटी गर्नू है, आज गोली चलिरहेको छ, आक्रमण हुनसक्छ ।'

त्यसपछि माथि उक्लेर समाचार सुन्न थाल्नुभयो । प्रायः राति ११ बजेसम्म कहाँ-कहाँ बम पड्कियो, कता-कता आक्रमण भयो भन्ने जानकारी लिएर बस्ने उहाँको बानी रहेछ । त्यस रात पनि ११ बजेको समाचार कुरेर बसिरहनुभएको थियो ।

समाचार सुन्दासुन्दै कसैले कोठाको ढोका ढक्ढक्यायो । उहाँले अरू बेलाझैं कडा स्वरमा सोध्नुभयो, 'को हँ ?'

जवाफमा लात्ती हानेर ढोका फोर्दै एक हुल माओवादी भित्र छिरे ।

'अझै चिनेको छैनस् ?' उनीहरूले दुवै कन्चटमा बन्दुक तेर्साएर भने, 'सेफ देखा ।'

सिलवालजी डरले काम्न थाल्नुभयो। केही सोच्नै नभ्याउँदै उनीहरूले फेरि सोधे, 'खै हामीलाई ब्यालेन्स देखा।'

'ब्यालेन्स त क्यासिएरसँग छ,' उहाँले दुवै हात जोडेर जवाफ दिनुभयो।

'क्यासिएर कहाँ बस्छ?' अर्को अझ ठूलो स्वरमा करायो।

उहाँले जवाफ दिन नभ्याउँदै अर्को माओवादीले क्यासिएर कहाँबाट चाबी नै लिएर आयो। अनि चाबी दिँदै 'सेफ खोल' भन्न थाल्यो। उहाँले हात कामेर खोल्न सक्नुभएन। एकजनाले भन्यो, 'सन्धिखर्कमा लात्ती हानेरै सेफ फोरियो, यहाँ के को चाबी चाहियो?'

उनीहरूले संगीनको टुप्पो र लात्ती हानेर सेफ फोरे। नयाँ र पुरानो नोट गरी जम्मा १४ लाख रुपैयाँ रहेछ। सबै नोट कपडामा पोको पारे। केहीले सिलवालजीलाई फेरि लछारपछार पार्दै अरू पैसा माग्न थाले। भने, 'उडाइदिऊँ कि बाँकी पैसा कहाँ छ भन्छस्।'

अर्कोले 'ब्यारेकमा लुकाएर राखेको छ होला नि' भन्दै लात हान्यो।

माओवादीको हुलमा एकजना महिला पनि थिइन्। सिलवालजीले उनै महिलातिर फर्केर थरथर काम्दै हात जोडेर भन्नुभयो, 'प्लिज बहिनी, भएको सारा पैसा यत्ति हो। सबै अफिसमा तलब खाने बेला भएकाले बाँडेर भ्याइयो। हजुरजस्तै मेरो छोरी छन्। त्यही छोरीलाई पाल्न पो जागिर खाएको।'

बिन्ती सुनेर ती महिला लडाकुलाई दया लागेछ कि क्या हो, कुटपिट बन्द गराइछन्। अनि प्रेसर कुकर बम जडान गर्न थालिछन्।

बैंक लुट्न आएका आक्रमणकारीलाई निकै भोक लागेको रहेछ क्यारे, कोठामा भएका बिस्कुट जम्मै खाइदिएछन्। एकदुई टुक्रा उहाँलाई पनि खान दिएका थिए रे। उहाँले 'खान्न' भन्नुभएछ। जवाफ सुन्नेबित्तिकै 'हामीले दिएको खान हुन्न, बिख हालेको छु र?' भन्दै सातो लिएछन्।

उनीहरूले बिस्कुट खाएपछि पानी मागे।

'पानी त छैन हजुर,' उहाँले निरीह हुँदै भन्नुभयो।

'पानी पनि दिँदैनस् साले,' उनीहरूले फेरि हकारे ।

सिलवालजीको मुख डर र जाडोले कक्रक्क सुकेको थियो । माओवादीले जबर्जस्ती खुवाइदिएको बिस्कुटले झन् प्याकप्याक्ती भयो । अर्को टुक्रा खाँदै नखाई थाहा नपाउने गरी भुइँमा खसाल्दिनुभयो ।

बम तयार गरेपछि आक्रमणकारीहरू उहाँलाई पनि साथै लिएर बाहिर निस्के । घर वरिपरि तेल छर्किन थाले । मट्टीतेल हो वा डिजेल, उहाँले खट्ट्याउन सक्नुभएन ।

'हेर्दाहेर्दै घर जलाइदिए,' सिलवालजीले निभेको स्वरमा भन्नुभयो, 'मलाई पनि आगोमा जलाइदिने हो कि भन्ने डर लागेको थियो, नभए अपहरण गर्लान् भन्ने शंका थियो ।'

उनीहरूले त्यस्तो केही गरेनन् । बरु उहाँलाई बैंकसँगै नयाँ बन्दै गरेको घरभित्र हुलेर बाहिरबाट चुकुल लगाइदिए । उनीहरू त्यहाँबाट निस्किएको एकदुई मिनेटमै बम पड्कियो ।

'बम पड्कँदा म थुनिएको नयाँ घरै थर्र हल्लिएको थियो, आगो सल्कन्छ होला भनेर खुब आत्तिएँ,' उहाँले भन्नुभयो, 'भगवान र परिवारलाई सम्झँदै रात बित्यो ।'

बिहान भिडन्त साम्य भएपछि मात्रै उहाँ घरबाट निस्कनुभयो । लुगाफाटो, सरसामान केही थिएन । बैंकसँगै जले । उहाँले साथीहरूसँग मागेर कपडा जोरजाम गर्नुभएको रहेछ । घरधनी धर्मराजले दिएको ज्याकेट लगाउनुभएको थियो । सिलवालजी अलि होचो कदको हुनुहुन्छ । धर्मराजको ज्याकेट उहाँको जिउमा मिलेकै थिएन । धर्मराजले नै एक परिचितको पसलबाट जुत्ता ल्याइदिएछन् । प्यान्ट किनिदिने जिम्मा सुनील दाइको भागमा परेछ । कम्मर मिलेको थियो कि थिएन, थाहा छैन, तर मुनि दुईतीनचोटि पट्ट्याएर लगाउनुभएको थियो ।

दिनभरि हमलाका कथा सुन्दासुन्दा मलाई भित्रभित्र खल्लो लागिरहेको थियो । घरपरिवारको यादले मन उकुसमुकुस हुन थाल्यो ।

खलंगा बजारमा हिजोदेखि छाएको सन्नाटा आज पनि थामिएन । पहिलेजस्तो बमगोलीका आवाज सुनिँदैनन् । कुकुर, स्याल र कुखुरा जम्मै अस्तिको आक्रमणले डराएछन् कि क्या हो । कराएको, भुकेको, बासेको केही सुनिँदैन ।

म पनि निशब्द भएकी थिएँ । न बोल्न सक्थेँ, न सोच्न सक्थेँ ।

बेलुकी फेरि अघिल्लो दिनजस्तै सबैजना एउटै कोठामा सुत्यौं । दलिनतिर टोलाउँदै ।

कतिखेर निदायौं, पत्तै भएन ।

◻◻

सात

तेस्रो दिन

२०५८ मंसिर १ गते ।

जुगाड खोलामा केही महिला लुगा धुँदै थिए । पातलै भए पनि पसलहरू खुले । केटाकेटी बाटामा उफ्रिन थाले । दगुर्न थाले । होटलमा तातो चियासँगै राजनीति र द्वन्द्वका ताता गफ सुरु भए ।

जुम्ला फेरि चल्मलाउन थाल्यो ।

म सधैंझैं अस्पताल पुगेँ । साथीहरूलाई भेटेँ । उनीहरूलाई फेरि सान्त्वना दिएँ । नेपालगन्ज वा सुर्खेत पुग्नेबित्तिकै सबैका घरमा फोन गरिदिने बाचा गरेँ । जान पाउँछु कि पाउँदिनँ मैलाई थाहा थिएन । मनमनै सोचिरहेकी थिएँ, जे पायो त्यसैमा जान्छु । घर पुग्नु पनि पर्दैन । कम्तीमा फोन गरेर आवाजमात्र सुनाउन पाए सन्तोष हुन्थ्यो ।

म एयरपोर्ट गएँ । सेनाले तस्बिर खिच्ने र क्षतिको विवरण लिने काम गर्दै थियो । त्यत्तिकै घर फर्कें । खेतमा चारवटा गाई मरेको देखियो । ती गाई चन्दननाथ मन्दिरका रहेछन् । तिला नदी किनारमा थुप्रै मानव शव देखिएको साथीहरूले सुनाए । कुनै गाडिएका, कुनै त्यत्तिकै खोलामा फालिएका । गाडिएका शव कुकुरले खोतलेर छ्यालब्याल पारेका छन् भनेर साथीहरू भन्दै थिए । शवको प्रकृति हेर्दा कलिला केटाकेटी पनि छन् रे । कुनै शव सादा पोसाकमा त कुनै सैनिक पोसाकमा । महिला कमान्डरको शव फेला परेको सूचना पनि आयो । महिला शवसँगै एउटा डायरी फेला पर्‍यो रे, जसमा आक्रमणको तयारीबारे 'कोड' भाषामा लेखिएको छ रे ।

मान्छे जति सामान्य हुन खोज्दै थिए, यस्ता खबरले उनीहरूको मनस्थिति उति खल्बल्याउँदै थियो। कर्मचारी र व्यापारीहरू जतिसक्दो छिटो सुर्खेत वा नेपालगन्ज झर्न खुट्टा उचालिरहेका थिए। सबैलाई जहाजको प्रतीक्षा थियो। तर, आकाशमा सेनाको हरियो हेलिकोप्टरबाहेक अरू उडेको थिएन।

अचानक सेतो रङको सानो हेलिकोप्टरले खलंगा बजार चक्कर काट्न थाल्यो। मैले हेरिरहेँ। विस्तारै घुम्दै ब्यारेकमा बस्यो। मेरा आँखा त्यसैमा झुन्डिरहेका थिए। नौलो हेलिकोप्टर देख्नेबित्तिकै यहाँ अनेक अड्कल काटिन्छ। कोही भन्छन्, अस्तिको लडाइँमा भनिएभन्दा धेरै सैनिक मरेका हुनसक्छन्। तिनै सैनिकका शव गोप्य रूपमा बाहिर लग्न यो हेलिकोप्टर आएको होला।

मेरो मनमा पनि कुरा खेल्यो। डिएफआइडी र मेरो अफिसले घोषित सुरक्षा नीति कार्यान्वयन गरेको देखाउन मलाई नै लिन पठाए कि भन्ने लाग्यो। फेरि सोचेँ, मलाई लिन आउने भए अरू थुप्रै विकल्प हुनसक्थे। हेलिकोप्टर नै किन पठाउनुपर्थ्यो?

म घरको आँगनबाट हेलिकोप्टरतिर आँखा डुलाइरहेकी थिएँ। एउटा भर्खरको केटो दौडँदै हाम्रो घरतिर आइरहेको टाढैबाट देखेँ। उसको हातमा सानो कागजको टुक्रा थियो।

'एभरेस्ट होटल कुन हो?' उसले सोध्यो।

'यही हो,' जवाफ मेरो मुखसम्मै आइसकेको थियो। मैले आफूलाई सम्हालेँ। को हो, किन हो, थाहै नपाई जान्ने भएर बोल्नुहुन्न भन्ने लाग्यो।

उसले त मेरो मनको कुरा बुझेझैँ आफैं भन्यो, 'यहाँ राधा पौडेल बस्नुहुन्छ रे, उहाँलाई ब्यारेकमा पाइलट साहबले खोज्नुभएको छ।'

अब भने पक्का भयो, यो हेलिकोप्टर मैलाई लिन आएको हो। मेरो मन त्यसै तरंगित हुन थाल्यो। बालाई भेट्न र आमाको स्वर सुन्न नपाएर म भित्रभित्रै आत्तिरहेकी थिएँ। कहिले भेटुँ, कहिले बोलुँ भइरहेको थियो। हतारहतार घरमा सबैलाई खबर सुनाएँ। उहाँहरू पनि खुसी हुनुभयो। मैले पहिल्यै ठिक्क पारेको झोला उहाँहरूले नै बाहिर निकाल्नुभयो। दाइ त

ब्यारेकसम्मै आउँछु भन्न थाल्नुभयो। पुऱ्याउन मन लाग्यो होला भन्ठानेर केही बोलिनँ।

हामी सरासर ब्यारेक पुग्यौं। गेटमा बस्ने सुरक्षा गार्डलाई मैले सबै बेहोरा बताएँ। उनले पत्याएनन्। मलाई भित्र पस्न पनि दिएनन्। चिनेको कोही भेटिन्छ कि भनेर दायाँबायाँ आँखा घुमाएँ। कोही भेटिएन। फेरि तिनै सुरक्षा गार्डलाई अनुरोध गरेँ, 'एकचोटि पाइलटलाई राधा पौडेल आएको छ भन्ने खबर पुऱ्याइदिनू न।'

गलफत्ती गर्दागर्दै मेरो अफिसका प्रशासन प्रमुख कृष्ण शर्मा ब्यारेकका खुड्किला ओर्लिरहेको देखेँ। उहाँ मलाई लिन हेलिकोप्टरमा आउनुभएको रहेछ। कृष्ण शर्मा त्यही व्यक्ति हो, जसले मलाई सुरक्षित मातृत्व कार्यक्रममा अन्तर्वार्ता दिन जाँदा 'जुम्ला र नवलपरासीमध्ये कहाँ जान चाहनुहुन्छ' भनेर सोध्नुभएको थियो।

मैले उहाँलाई 'नमस्कार' गरेँ।

उहाँले मेरो नमस्कार फर्काउनुभएन। बरु एक हातले अंगालो मारेर भन्नुभयो, 'के छ बुनु?'

अरूभन्दा कान्छी भएकीले हुनसक्छ, काठमाडौं अफिसका धेरैजना मलाई 'बुनु' भनेर बोलाउँथे। कृष्णजी आफैं हेलिकोप्टरमा आउनुभएकाले मैले अफिसको सुरक्षा नीतिमाथि प्रश्न उठाउने ठाउँ रहेन। हेलिकोप्टर पठाउन किन ढिला भयो र अब को/को जाने भन्नेबारे सामान्य कुराकानी भए। मैले डाक्टर शाह, आइएनएफका साथीहरू र सिवेडका मदनजीलाई लानुपर्ने कुरा झिकेँ। उहाँले भने डिएफआइडीको चिठी देखाउँदै भन्नुभयो, 'अरूलाई लैजान मिल्दैन।'

मलाई नरमाइलो लाग्यो। मदनजी त हँसिलो अनुहार लिएर ब्यारेकमै आइपुग्नुभएको थियो। तर, मेरो हातमा केही थिएन।

सबैसँग बिदावारी भएँ।

सुनील दाइ आँखा रसिलो पार्दै निकै बेर हात हल्लाइरहनुभयो।

हेलिकोप्टरको ढोका बन्द भयो। घटटट आवाज निकाल्दै पंखा घुम्न थाल्यो। विस्तारै म माथि उड्दै गएँ।

फराकिलो सैनिक ब्यारेक। जलेका सरकारी भवन। जलेका, भत्किएका निजी घर। युद्धपछि फुंग उडेको खलंगा बजार। अनि एभरेस्ट होटल, जहाँ मैले घर पाएँ। परिवार पाएँ।

कसले भन्छ होटल घरजस्तो हुँदैन? सुनील दाइ र गोमा भाउजूको एभरेस्ट होटल मेरो निम्ति घरभन्दा बढी हो। म आफ्नो घरमा जन्मेँ, यहाँ पुनर्जन्म पाएँ।

हेलिकोप्टर निकै माथि पुगिसकेछ।

सिंगै जुम्ला उपत्यका मेरो आँखा सामुन्ने थियो। अशिक्षा, गरिबी, असमानता र द्वन्द्वका घाउले रन्थनिएर बसेको मेरो प्यारो जुम्ला। कहिलेसम्म पोलिरहने हो उसलाई, यो घाउले? किन खोज्दैनन् कोही, यो घाउको ओखती? म नर्स हुँ, तै मेरो ल्याकत छैन। भइदिए त भर्खरै निको पार्दिन्थेँ। मलाई पनि त दुखिरहेछ उसको घाउ। तर, ओखती भएका डाक्टर साहबहरू किन चुपचाप? के उनीहरूको मनमा जुम्ला दुख्दैन? किन दुख्दैन होला है? जुम्ला पनि त हाम्रो शरीरकै अंग हो नि!

कठै मेरो प्यारो जुम्ला! तिम्रो घाउको ओखती यो देशमा पाउँदै पाइएन।

कहिले पाइएला त खै?

आँखा अगाडिका डाँडापाखा विस्तारै बादलभित्र हराउँदै गए। मेरी आमाको सिउँदोजस्तो नदी भर्खर देखिएको थियो, बादलले कता छेलियो, कता! अहिले पनि त्यस्तरी नै सिउँदो राख्नुहुन्छ मेरी आमा। सपक्क कोरिएको कपालको बीचमा सललल नदी बगेजस्तो। मेरा आँखा धमिला हुँदै गए। धुलो छिरेर अप्ठेरो भएजस्तो भान पार्दै झिम्झिमाएँ। तै आँखामा लागेको बादल छाँट्टिएन।

म अलकत्राको ड्रम र पोकापन्तुरोको डुंगुरमा अचेटिएर बस्नुपर्ने ठूलो हेलिकोप्टरमा पहिलोचोटि जुम्ला पुगेकी थिएँ। जुम्लाको कष्टपूर्ण जीवनसँग यति अभ्यस्त भइसकेकी रहेछु, कर्णाली एयरको त्यो चारसिटे सानो हेलिकोप्टर मलाई नौलो र बिरानो लाग्यो। लामो कालरात्रि पार गरेर जुम्ला छाड्दा मेरो

एक मन खुसी थियो, अर्को मन न्यास्रो मानिरहेको थियो । परिवारसँग भेट्ने उत्साहले आँखा रसाइरहेका थिए । सँगसँगै, संकटको घडीमा प्यारो जुम्लासँग टाढिन गइरहेकीले त्यसैत्यसै रुन मन लागिरहेको थियो ।

हेलिकोप्टर बिस्तारै तल झर्दै गयो ।

जति तल झर्दै गयो, म मानसिक रूपमा कमजोर र भावुक बन्दै गएँ । जुम्लाजस्तो दुर्गम ठाउँमा बसेर माओवादीका धम्की एक्लै खेपेकी छु मैले । सरकारी प्रशासन र आफ्नै अफिससित पौंठेजोरी खेलेकी छु । कस्ताकस्ता बिरामीलाई नजिकबाट देखेकी छु । मृत्यु मेरो निम्ति सामान्य हो । धेरैले मेरै अगाडि प्राण त्यागेका छन् । भर्खरै एक रात छर्लंगै युद्धको बीचमा बिताएँ, एकरत्ति नआत्तिई । बरु दाइभाउजू र केटाकेटीलाई आफैं सम्हालें । दुई दिनसम्म एक्लै लडाइँका डोब चहार्दै हिँडेकी केटी हुँ म । आफूलाई निकै साहसी र हक्की ठान्छु । अरू पनि त्यसै भन्छन् । तर, त्यस दिन हेलिकोप्टरमा बस्दाबस्दै किन हो, कसरी हो, निकै थाकेको र गलेको महसुस गरें ।

घडीमा एकएक सेकेन्ड फड्किँदा, मलाई यस्तो लागिरहेको थियो, म भित्रभित्रै रित्तिँदै छु । मेरो आत्मा शरीरबाट अलग्गिँदैछ ।

म मर्दैछु ।

थाहा छैन, किन ?

हेलिकोप्टर नेपालगन्ज एयरपोर्टमा ओर्लियो ।

प्रशासनकै खिला ओझा धावनमार्गमा दौडिँदै आएर 'बुनु' भन्दै गम्लंग अंगालो मार्नुभयो । मैले कुनै प्रतिक्रिया जनाउन सकिनँ । मन नलागेर होइन । मेरो मनमा कुनै प्रतिक्रिया नै आएन ।

थाहा छैन, किन ?

म फिस्स हाँसेँमात्र ।

एयरपोर्टको गेटमा पुगेपछि कार्यक्रमका राष्ट्रिय निर्देशक सुजान क्लाफनको खबर आयो । उहाँले मसँग कुरा गर्न खोज्नुभयो । मलाई भने कसैसँग बोल्न मन लागिरहेको थिएन । 'भोलि फोन गरुँला' भनेर टार्न चाहन्थें ।

थाहा छैन, किन ?

खालि उहाँको मान राख्न आवाजमात्र सुनाइदिएँ ।

मलाई त्यो बेला एकदमै भक्कानिएर रुन मन लागिरहेको थियो । यस्तो लागिरहेको थियो, मभित्र एउटा ज्वालामुखी उम्लिरहेको छ । र, आँसुको रूपमा विस्फोट हुन चाहन्छ ।

तुरुन्तै ।

मैले जबर्जस्ती आफूलाई सम्हालेँ । घरमा फोन गरेँ । तर, खुलेर कुरा गर्ने आँट आएन ।

थाहा छैन, किन ?

'पहिले तपाईं एकछिन कुरा गर्नुस्, अनि म बोल्छु,' मैले खिलाजीसँग अनुरोध गरेँ ।

उहाँले मान्नुभयो ।

एकछिनपछि बहिनीसँग बोलेँ । ऊ एकदमै रिसाई । मायालु रिसाई थियो त्यो । घर र अफिसका अनेक कुरा खोतल्न थाली । मलाई लामो बोल्ने जाँगर थिएन । कुरा छोट्ट्याउँदै भनेँ, 'भोलि काठमाडौं जाँदैछु, पर्सि घर आउँछु ।'

फोन राख्ने बेला फ्याट्ट भनेँ, 'एकचोटि आमाको स्वर सुन्छु ।'

बहिनीले आमालाई फोन दिई । उहाँ अघिदेखि पालो कुरिरहनुभएकै रहेछ । रिसिभर समात्नेबित्तिकै भन्नुभयो, 'कति पीर पऱ्यो नि बाबा ।'

उहाँको स्वर सुन्नेबित्तिकै मैले आफूलाई थाम्नै सकिनँ ।

ज्याप्पै लाइन काटिदिएँ ।

थाहा छैन, किन ?

❑❑

आठ

पाँचौं दिनमा घर

मैले आफ्नो बाचा पूरा गरेँ ।

अस्पतालका सबै साथीको घरमा फोन गरेर उनीहरूका छोरा-छोरी, बा-आमा, दाइ-दिदी, भाउजू-बुहारी जीवित छन् भन्ने खबर पुऱ्याइदिएँ ।

नेपालगन्जमा एक रात बिताएर मंसिर २ गते बिहान सात बजे नै हाम्रो टोली एयरपोर्ट पुग्यो । हेलिकोप्टरमा काठमाडौं ओर्लिन झन्डै डेढ घन्टा लाग्यो ।

अफिसका साथीहरू एयरपोर्टमै लिन आएका थिए । मलाई जिउँदै देखेर सबै खुसी भए । सरस्वती क्षेत्री दिदीले त देख्नेबित्तिकै गम्लंग अंगालो हाल्नुभयो । आँसु थाम्नै सक्नुभएन । कोठाबाट बाहिरिएर भक्कानिँदै रुन थाल्नुभयो । उहाँ निकै नरम स्वभावको हुनुहुन्छ । जुम्ला जानुअघि केही समय काठमाडौं अफिसमा काम गर्दा निकै गाँसिएका थियौं हामी ।

त्यस दिन सुजानजीले मलाई आफ्नो घर लग्ने इच्छा देखाउनुभयो ।

मन थिएन, तर म उहाँको मन तोड्न चाहन्नथेँ । मृत्यु भोगेर फर्केकीले मेरो मुटु आकाशभन्दा फराकिलो भइरहेको थियो, जहाँ सबै सधैंभर अटाउन सक्छन् ।

म उहाँको घर गएँ ।

मलाई काठमाडौंमा सबै चिज नौलो लाग्यो । पहिलोचोटि देखेजस्तो । पहिलोचोटि भेटेजस्तो । पहिलोचोटि बोलेजस्तो । त्यो नौलोपनमा पनि कुनै

आकर्षण मैले देखिनँ । एउटा अर्कै ग्रहबाट पृथ्वीमा झरेको प्राणीलाई जस्तो अनुभूति हुनसक्छ, त्यस्तै लागिरहेको थियो मलाई । न म यिनीहरूको हुँ, न यिनीहरू मेरा हुन् ।

जुम्ला छाडेदेखि गह्रुंगो भइरहेको छातीले झन्झन् थिच्दै लगेको म महसुस गरिरहेकी थिएँ ।

बेलुकी अत्यास लागेर घरमा फोन गरेँ ।

'म भोलि आउँदैछु ।'

लामो कुरा गरिरहन मन लागेन । उनीहरूले एयरपोर्टमै लिन आउन खोजे । मैले मानिनँ ।

भनेँ, 'जहाजको ठेगान छैन, खै कतिखेर पुगिन्छ ?'

कुरा गर्ने बहिनी पनि छक्क परी होली । मेरो स्वरमा उत्साह भन्ने नै थिएन । आफ्नै स्वर आफैंलाई बिरानो लाग्दै थियो ।

२०५८ मंसिर ३ गते ।

मैले बेलायती राजदूत लगायत अफिसका साथीहरूको नाममा धन्यवाद-कार्ड तयार पारेकी थिएँ । हिँड्ने बेला शम्भु दाइ (गाडीचालक) को हातमा राखिदिएँ ।

जहाज उड्न एक घन्टा ढिला भयो ।

भरतपुर एयरपोर्टमा झर्नेबित्तिकै मेरा आँखा अनायासै गेटतिर गए । मुखले 'आउनुपर्दैन' भने पनि आइहाले कि भन्ने शंका लागेको थियो । मनभरि आशाको बाढी उर्लिएकाले हो कि, चित्त ठेगानमा नभएकाले, प्रत्येक अनुहार मलाई चिनेचिनेजस्तो लाग्थ्यो ।

रातो साडी लगाएकी एक महिला एयरपोर्टको पर्खालमा अडेस लागेर उभिएकी थिइन् । मेरा आँखा उनको रातो साडीमा अडिए । झसंग भएँ, कतै

ठूली दिदी त होइन! मभन्दा हक्की स्वभावकी हुनुहुन्छ उहाँ। बोलेपछि बोल्यो, बोल्यो। कसैको जोड नचल्ने।

ठूली दिदी नै हो रहेछ।

म आफ्नो सामान बोकेर बिस्तारै उहाँतिर पाइला सारिरहेकी थिएँ। शारदा साह, गोपाल काफ्ले र अरू केही साथी पनि आएका रहेछन्। बिरामीलाई अपरेसन कक्षभित्र छिराएपछि आफन्तहरू जसरी बाहिर कुर्छन्, त्यस्तै थियो उनीहरूको मनोदशा।

म नजिक पुग्न नपाउँदै दिदी झम्टिन आउनुभयो। र, दुवै हातले मेरो टाउको अँठ्याएर धरधर्ती रुन थाल्नुभयो।

निकै बेर अँठ्याइरहनुभयो। निकै बेर धरधर्ती रोइरहनुभयो।

मानौं, मलाई कसैले टपक्क टिपेर लैजाँदैछ। उहाँ च्याप्प समातेर रोक्न खोज्दै हुनुहुन्छ।

आफूभन्दा बलियो, अग्ली, मोटी र हक्की दिदी त्यस्तरी ज्यानै छाडेर रुन थालेपछि मैले आँसु थाम्नै सकिनँ।

म पनि रोइदिएँ।

मेरो जिउ नै दुख्न थालिसकेको थियो, तर दिदीले अँठ्याउन छोड्नुभएन। उल्टै मैले नै उहाँलाई सम्झाउनुपर्‍यो।

'कति मान्छे मरेका छन्। धेरै साथी जुम्लामै छन्। म त अफिसले गर्दा पो अहिल्यै आउन पाएँ,' मैले भनें, 'मरेकै भए पनि चित्त बुझाउनुपर्थ्यो नि।'

'मरेको' शब्द सुनेर त उहाँ झन् डाँको छाडेर रुन थाल्नुभयो।

के गर्नु? म रोइरहेकी थिएँ, लाज पनि लागिरहेको थियो।

'ठूलो मान्छे भएर के गरेकी दिदी यस्तो?' भनें, 'के भएको छ र मलाई? केही भएको छैन। चुप लाग्नुस्।'

बल्लतल्ल उहाँको डाँको थामियो। आँसु भने बगिरहेकै थियो। घर पुगुन्जेल पनि घुँक्कघुँक्क गरिरहनुभयो।

दिदीको त यस्तो हाल थियो भने बाआमालाई कसरी सम्हालुँला भन्ने चिन्ताले म पिरोलिइरहेकी थिएँ। त्यस्तो भीषण हमलाबाट बाँचेर आएकी छोरीलाई अकस्मात् आफ्नो अगाडि देखेर बाको मुटुको धड्कनै रोकिने त हैन? आमाको दम फुलेर सासै अड्किने त होइन? म यस्तै कुरा सोचेर आत्तिरहेकी थिएँ।

संयोग कस्तो पऱ्यो भने, भरतपुर एयरपोर्टबाट हामी जुन ट्याक्सीमा घर गएका थियौं, त्यसका चालक बाको पुरानो साथी हुनुहुँदोरहेछ। दूध बेच्ने बेलाको अति मिल्ने साथी। एकअर्कालाई देख्नेबित्तिकै चिनिहाल्नुभयो। मैले जिन्दगीमा पहिलोचोटि बालाई कसैसँग गम्लंग अंगालो मारेको देखेँ। उहाँहरू केही बेर आपसमै भुल्नुभयो। मतिर बाको ध्यानै गएन। मलाई एक्लै देख्दा उहाँमा जुन खालको उत्तेजना बढ्नसक्छ भन्ने सोचेर म तर्सिरहेकी थिएँ, त्यो अवस्थै आउन पाएन। म घरमा जम्मा भएका छरछिमेकीसँग कुराकानी गर्न थालेँ। त्यतिन्जेल दिदी भित्र छिरिसक्नुभएको थियो।

म तुरुन्तै आमाको अगाडि परिहाल्न चाहन्थिनँ। मलाई देख्नुअघि आमा र दिदीको कुराकानी होस् भन्ने चाहन्थेँ। त्यसैले, केही बेर छिमेकीहरूसँग बाहिरै भुलिरहेँ। भित्र छिर्दा पनि मूलढोका प्रयोग गरिनँ। मनमा अनेक कुरा खेलाउँदै विस्तारै पछाडिको ढोकाबाट छिरेँ।

म त्यस्तरी तर्सिंदै आमाको अगाडि पुगेकी थिएँ, भित्र त आमा ठूली दिदीलाई पो फकाइरहनुभएको रहेछ। मितिनी दिदी राधा पाण्डे सँगै हुनुहुन्थ्यो। बरु दिदी रोएको रोयै हुनुहुन्थ्यो, आमाको एक थोपा आँसु झरेको थिएन। सोचेँ, मैले बेकारमा आमाको चिन्ता लिएछु। उहाँ त्यही आमा हो, जसले सधैं हामीलाई सिकाउनुभयो, 'रुनु कुनै पनि समस्याको समाधान होइन।'

मलाई देखेपछि पनि आमा उत्तिकै शान्त रहनुभयो। उहाँको मन पूरै पग्लिएको थियो। तर, रुवाबासी चलेन। बरु भावुक भएर घरिघरि एउटै कुरा दोहोऱ्याइरहनुभयो, 'साह्रै पीर पारिस् न बाबा तैंले।'

बा अलि बढी नै न्यास्रिनुभएको रहेछ। राति अबेरसम्म मेरै छेउमा बसिरहनुभयो। मलाई एक सेकेन्ड छोड्नुभएन। बोल्न पनि सक्नुभएन।

खालि मलाई हेरिरहने। सुम्सुम्याइरहने। सायद उहाँका आँखालाई विश्वास भइरहेको थिएन, म जिउँदै छु भनेर। उहाँ ढुक्क हुन खोज्दै हुनुहुन्थ्यो, मलाई छोएर। आँखा झिमिक्क नगरी मेरो एकएक सास गनेर।

म उहाँको न्यानो माया काखी च्यापेर घरको न्यानो ओछ्यानमा पल्टेँ। जुम्ला आक्रमणको पाँचौं दिन म आफ्नो घरको ओछ्यानमा थिएँ। शरीर जिउँदै थियो, आत्मा बेहोस। लामोलामो सास फेर्दै टोलाइरहेँ। निकै बेर। निद्रा त जुम्लामै हराएको थियो। सधैंजस्तो दलिन हेरिरहेँ। दुई आँखाका कापकाप एक्कासि भिजेर आउँथे। पुछ्थेँ। फेरि भिज्थे। आँसु सुकेर कक्रक्क सेतो टाटा बसिसकेको थियो।

कुन बेला भुसुक्क निदाएछु, पत्तै भएन।

कसैले जोडसँग ढोका उघार्‍यो कि म तर्सन्थेँ। चर्को आवाजले बोल्यो भने कानको जाली फुट्लाजस्तो हुन्थ्यो। जिउमा काँडा उम्रन्थ्यो।

राति एकछिन भुसुक्क निदाउँथे। कसैले घाँटी निमोठेजस्तो लाग्थ्यो। सास अड्किन्थ्यो। घिटिघिटी भएर आउँथ्यो। तुरुन्तै ब्युँझिहाल्थेँ। सपना पनि डरलाग्दो देख्थेँ। अनि पसिनाले लुछुप्पै भिजेर आत्तिँदै उठ्थेँ।

मलाई मानसिक तनावको लक्षण देखिन थालेछ क्यारे!

ज्वरो आयो। कसैसँग बोल्न मन नलाग्ने। खान मन नलाग्ने। घरबाट बाहिरै निस्कन मन नलाग्ने। औषधि खाएर आराम गर्न थालेँ।

एक साताजति घरमै थुनिएर बसेपछि काठमाडौं अफिसबाट खबर आयो।

म काठमाडौं फर्किएँ।

सुजानजीले गम्भीर हुँदै भन्नुभयो, 'तिमीलाई परामर्श सेवा चाहिन्छ? चाहिन्छ भने हामी व्यवस्था गर्न सक्छौं।'

म केही बोलिनँ।

फेरि सोध्नुभयो, 'अब तिमी काम गर्न सक्छौ कि सक्दैनौ ?'

यो प्रश्नले मेरो आत्मसम्मानलाई भित्रैदेखि हल्लाइदियो । म उहाँको ठाउँमा भइदिएको भए सायद यस्तै प्रश्न यसरी नै सोध्थैं । तर, जवाफ दिने ठाउँमा बसेर सोच्दा मलाई आफ्नो स्वाभिमानमा ठेस पुगेको महसुस भयो ।

'यो देश मेरो हो,' मैले कडा स्वरमा जवाफ दिएँ, 'द्वन्द्वको समस्या भनेको सबै नेपालीको साझा समस्या हो । जुम्लाको मात्र कुरा होइन । हरेक नेपालीले यो वास्तविकता स्वीकार्नुपर्छ । तपाईंले पनि स्वीकार्नुपर्छ । मैले पनि स्वीकार्नुपर्छ । द्वन्द्वलाई प्रत्यक्ष भोगेर आएकीले मेरो मन स्थिर छैन होला । आत्तिरहेकी छु होला म । त्यसो भन्दैमा कामै गर्न नसक्ने भएकी छैन । द्वन्द्वले गर्दा मान्छेले काम गर्न नसक्ने भए त सिंगै देशले काम गर्न सक्दैन अब । कुनै पनि नेपालीले काम गर्न सक्दैनन् । बिदा दिए हुन्छ सबैलाई ।'

उहाँ चुपचाप मेरो कुरा सुनिरहनुभयो ।

'मलाई परामर्श सेवा पनि चाहिँदैन । म मानसिक रूपमा, शारीरिक रूपमा एकदम ठिक छु । घरपरिवारसँग भेट भइहाल्यो । नयाँ ऊर्जा थपिएजस्तो भइरहेको छ मलाई ।'

म जुरुक्क कुर्सीबाट उठें ।

आत्मविश्वासका साथ भनें, 'म फेरि जुम्ला जान्छु ।'

□□

नौ

फेरि जुम्ला

खपिनसक्नु जाडो थियो। हरियोपरियो केही देखिन्थेन। आरूका बोट सल्लाका बोटझैं खैरा, काला र नांगै थिए। फल लागेको थिएन। न पात पलाएको थियो। बाँझो फाँटका कान्ला हिउँले सेताम्मे ढाकेका थिए।

यस्तो मौसममा आक्रमणको चौथो साता म जुम्ला फर्केकी थिएँ।

'ओहो ! राधाजी तपाईं फर्कनुभो !'

जुम्ला एयरपोर्टका प्रमुख छक्क पर्नुभयो। अरू पनि चकित खाए। सुनील दाइ, गोमा भाउजू, हजुरआमा र केटाकेटीको अनुहारमा खुसी पनि थियो, मेरो भविष्यप्रति चिन्ता पनि।

'जुम्ला-जुम्ला भनेर जिन्दगी बर्बाद पार्ने भई यसले,' गोमा भाउजू सधैं मलाई करकर गर्नुहुन्थ्यो।

म भन्थैं, 'अब त मेरो जिन्दगी नै जुम्ला हो नि भाउजू।'

सुनील दाइचाहिँ केही भन्नुहुन्थेन। खालि बेलुकी घर फर्कन ढिला गऱ्यो भने हप्काउनुहुन्थ्यो। घाम अस्ताउनुअघि नै केटाकेटीलाई म हिँड्ने बाटोतिर हेर्न पठाउने र आफू पनि बजार डुलिरहने उहाँको बानी कायम थियो। हजुरआमा उसैगरी म घर नफर्कुन्जेल पिँढीमा बसेर मेरो बाटो हेरिरहनुहुन्थ्यो।

उहाँहरूको माया र साथले नै त हो, मलाई फेरि जुम्ला फर्कने साहस आएको।

आक्रमण भोगेका कर्मचारीमध्ये जुम्ला फर्कने पहिलो मै थिएँ। धेरैले हाम्रो कार्यक्रम बन्द भयो भनेर सोचेका रहेछन्। म पछि हट्नेवाला कहाँ थिएँ र? जुम्लाको वर्षौं पुरानो घाउमा आफ्नो ल्याकतले भ्याएसम्म ओखती गर्नैपर्छ भन्ने भावनाले म ओतप्रोत थिएँ।

मेरो मनोबल कान्जीरोवा हिमालझैं दृढ थियो, तर जुम्ला निस्लोट। माआवोदी हमलापछि न जुम्ला तंग्रिएको थियो, न जुम्लीहरू।

खलंगा बजारमा द्वन्द्वका घाउ आलै थिए। जलेका कार्यालय भवनको भग्नावशेष जस्ताको तस्तै थियो। भित्तामा गोलीले पारेका भ्वाङ टालिएका थिएनन्। डढेर कालो भएका झ्यालढोकाका खाँबा बग्रेल्ती भेटिन्थे। सिडिओ कार्यालयले जिल्ला विकास समितिमा आश्रय लिएको थियो। कोठामा दुईचारवटा कुर्सी राखेर जिल्लाभरिको प्रशासन राम्ररी चलिरहेको छ भन्ने देखाउन खोजिएको थियो। केही हतास प्रहरीको भरमा जिल्ला सुरक्षित छ भन्ने भान पारिएको थियो। तर, न प्रशासन राम्ररी चलेको थियो, न शान्ति सुरक्षा नै थियो। र, यो कुरा कसैबाट लुकेको थिएन।

अस्पतालले आकस्मिक र नियमित सेवाबाहेक सबै काम बन्द गरेको थियो। बैंक पनि ठप्पै थियो। जिल्लाबाहिर घर भएका कर्मचारी कोही फर्किएका थिएनन्। नेपालगन्ज वा सुर्खेततिर काज मिलाएर बसेका थिए। धेरैजसो कार्यालयमा तल्लो तहका स्थानीय कर्मचारीलाई निमित्त दिइएको थियो।

जुम्लामा फेरि माओवादी हमला हुने हल्लाले त माहोल अझ बिगारेको थियो। नयाँ आएका कर्मचारी त्रासले पूरै गलेका थिए। पुराना सबैजसो विकास कार्यक्रम बन्द थिए। नयाँको सुरसारै थिएन।

त्यसमाथि कात्तिक २८ को हमला र २९ गते टुँडिखेलमा लम्पसार सुताइएका शव मेरो अन्तरआत्मामा यस्तरी खिल बनेर गडेका थिए, जति कोसिस गर्दा पनि त्यसबाट मुक्त हुन सकिरहेकी थिइनँ।

मेरो अगाडि लक्ष्यको अजंग पहाड थियो। माथि उक्लिन न बाटो थियो, न साथी। कसरी उक्लिउँला यत्रो पहाड? बिथोलिएको मनोदशामा के म

नडग्मगाई अघि बढ्न सकुँला? मेरो एकोहोरो ढिपीले मात्र जुम्लामा परिवर्तन सम्भव होला र?

यस्ता प्रश्न घरिघरि मलाई घेर्न आइपुग्थे। म आफूले बोकेको चुनौतीको भारले आफैं तर्सन्थैं। पछाडि हट्न भने तयार थिइनँ।

मैले जसरी पनि यो पहाड चढ्नैपर्छ। जुम्ला अस्पतालमा अपरेसन र रक्तसञ्चार कक्ष निर्माण नगरी फर्के भने बा र आमाको अगाडि उभिन त केही थिएन, म दिनहुँ ऐनासामु कसरी उभिऊँला?

जति सोच्थैं, उति दृढ हुँदै जान्थैं।

जुम्ला टेक्नासाथ एउटी सुत्केरी महिलाको मृत्युले मलाई नराम्ररी गिँजोलेको थियो। साल अड्केर अत्यधिक रगत बगेपछि बेहोस हालतमा अस्पताल ल्याइएकी ती महिलालाई मैले बचाउन सकिनँ। त्यही बेला मैले जुम्ला अस्पतालमा अपरेसन कक्ष, रगत बैंक र आकस्मिक कोष खडा गर्ने प्रण गरेकी थिएँ।

सुरक्षित मातृत्व कार्यक्रमले जुम्ला अस्पतालको नयाँ भवन र नयाँ अपरेसन कक्ष निर्माणलाई निरन्तरता दिँदै गर्दा म आफ्ना ती प्रण पूरा गर्न सँगसँगै अघि बढिरहेकी थिएँ। जुम्ला फर्केपछि यो अभियानमा अझ खुरन्धार भएर लागेँ।

यतिन्जेल मैले के बुझिसकेकी थिएँ भने, जुम्लामा विदेशी आयोजना त थुप्रै आए, तर तिनले जुम्लीलाई आत्मनिर्भर हैन, परनिर्भर बनाए। ठूल्ठूला विदेशी शोधकर्ता पनि टन्नै आए, तर तिनले जुम्लालाई केही दिएनन्, उल्टै यहाँको अपार सम्पदाबाट आफूलाई चाहिने धेरैथोक लिएर गए। जुम्लालाई सिँढी बनाएर माथि उक्लिएका अधिकांश सामाजिक कार्यकर्ताले उचाइमा पुगेपछि आफूले चढेको सिँढी नै बिर्से। एकचोटि जुम्लालाई फर्केर हेरेनन्।

म सामाजिक कार्यमा देखिएको यो विसंगति तोड्न चाहन्थेँ ।

२०६१ असोजमा नयाँ अस्पताल भवन र नयाँ अपरेसन कक्ष निर्माण पूरा गरी सुरक्षित मातृत्व कार्यक्रम सकियो । म त्यसअघि नै जागिर छाडेर आफ्नै अभियानमा होमिइसकेकी थिएँ । सुत्केरी कक्ष बनाउन, रक्तसञ्चार सेवा सुरु गर्न र आकस्मिक उपचारको निम्ति सहयोग जुटाउन मैले स्रोत संकलन अभियान थालेँ । जिल्ला प्रशासनदेखि जिल्ला विकास समितिसम्म धाएँ । स्थानीय समुदाय परिचालन गरेँ । राजनीतिक दलका प्रतिनिधिलाई गुहारेँ । प्रहरी र सेनासम्म पुगेँ ।

ती सबैले अभियानमा साथ दिए ।

मैले सबैलाई स्वैच्छिक रूपमा योगदान गर्न भनेकी थिएँ । कसैले एक दिनको खाजा बराबर पैसा दिए त कसैले एक दिनको तलबै दिए । प्रहरी र सेनाले एकमुष्ठ रकम दियो । त्यतिले नपुगेर, जुम्ला विमानस्थलबाट बाहिर जाने प्रत्येक यात्रुले १० रुपैयाँ तिर्नुपर्ने व्यवस्था गरियो । जहाजको बोर्डिङ पास जारी गर्दा नै रसिद दिएर १० रुपैयाँ उठाउन थाल्यौँ । यसरी रक्तसञ्चार सेवाको निम्ति साढे तीन लाख र आकस्मिक कोषमा साढे छ लाख रुपैयाँजति जम्मा भयो ।

जुम्लामा उपचार हुन नसकेर सुर्खेत वा नेपालगन्ज लैजानुपरे बिरामीको आर्थिक स्थिति हेरेर सहयोग गर्न आकस्मिक कोष व्यवस्था गरेका थियौँ । बाहिर जचाउन जाने आर्थिक हैसियत नभएर ज्यान गुमाउनुपरेका थुप्रै घटना मैले यहाँ देखेकी थिएँ । पैसाकै कारण मर्न बाध्य हुनुजस्तो अभिशाप अरू के होला? फेरि त्यस्तो दिन नआओस् भनेर नै हामीले आकस्मिक कोषको अवधारणा ल्याएका थियौँ । सुरुमा सुरक्षित मातृत्वले बिउपुँजी रकम लगानी गर्ने भनेको थियो । आनाकानी गरेपछि म बेस्सरी बाझेँ । उनीहरूले पनि डेढ लाख रुपैयाँ दिए ।

सबैको साझा पहलकै परिणाम हो, २०६० देखि २०६१ सालको बीचमा जुम्ला अस्पतालमै चारवटा 'मेजर अपरेसन' भए । ती चारैवटा सुत्केरी केस

थिए । कसैको बच्चा टाउकोबाट निस्कनुको सट्टा हाततिरबाट निस्केको थियो । कोही अत्यधिक रगत बगेर आएका थिए । सबैको पेट चिरेर सकुशल बच्चा निकाल्न र आमालाई पनि बचाउन हामी सफल भयौं ।

यस्तो जटिल अपरेसन जुम्ला अस्पतालमै सम्भव होला भन्ने कसैले चिताएकै थिएनन् । यस्ता केसमा पहिले सुर्खेत वा नेपालगन्ज नलगी उपाय थिएन ।

आज जुम्ला अस्पतालको रूपै फेरिइसक्यो । यो अञ्चल अस्पतालमात्र हैन, कर्णाली स्वास्थ्य विज्ञान अध्ययन प्रतिष्ठानमा परिणत भएको छ । सबै खालका सामान्य अपरेसन यहीं हुन थालेका छन् । एपेन्डिक्स र हड्डीको मेजर अपरेसन गर्न अस्पताल सफल भइसकेको छ । महिनामा दुईतीनवटा सुत्केरीसम्बन्धी मेजर अपरेसन भइरहेको अस्पतालका साथीहरू बताउँछन् । डाक्टर, नर्स र अन्य स्वास्थ्यकर्मीको खासै समस्या छैन । प्रतिष्ठान बनेपछि अतिरिक्त पैसा दिएर थप डाक्टर व्यवस्था गरिएको छ ।

र, यी सबै हेर्दा मेरो मन सन्तोषले भरिएर आउँछ । सबै उपलब्धिमा मेरो एक्लैको हात छैन । त्यो सम्भवै थिएन । म त लक्ष्यको अजंग पहाड कसरी उक्लुँला भनेर तर्सिएर बसेकी थिएँ । पहिलो पाइला एक्लै चालें । त्यसपछि अरू धेरै पाइला स्वत: मसँग चाल मिलाउन थपिँदै गए ।

अभियान जति अघि बढ्दै गयो, म जुम्लामा उति रत्तिँदै गएँ । स्वास्थ्य सेवाका अतिरिक्त अनाथ र गरिब बच्चालाई पढाउने, उनीहरूलाई विभिन्न खालका तालिम दिनेजस्ता सामाजिक काममा संलग्न हुँदै गएँ ।

यही क्रममा अलि नौलो काम गर्ने इच्छा जाग्यो ।

एकदिन सिडिओ कार्यालय गएर प्रस्ताव राखें- माओवादीले हमला गरेको भोलिपल्ट कात्तिक २९ गतेको दिनलाई हामी 'शान्ति दिवस' का रूपमा मनाऊँ । त्यस दिन आक्रमणमा मारिने सबै ज्ञात/अज्ञात व्यक्तिको सम्झनामा कार्यक्रम गरौं ।

'यसले मेलमिलापको सन्देश दिन्छ र यही सन्देशले जुम्लाको विकासमा लाग्न सबैलाई प्रेरित गर्नसक्छ,' मैले भनें ।

जुम्लाको समग्र विकाससँग जोडिएको यो प्रस्ताव सजिलै पारित होला भन्ने मलाई लागेको थियो। २०६० कात्तिक २८ गते नै पहिलो कार्यक्रम गरुँला भन्ने सोचेकी थिएँ।

सफल भइनँ।

कुरा सुन्नासाथ सबैले जिब्रो टोके। एक त प्रमुख जिल्ला अधिकारीसहित सबैजसो कार्यालय प्रमुख नयाँ थिए। उनीहरूले जुम्लाको त्यो त्रासदी सुनेकामात्र थिए, हामीले जस्तो भोगेका थिएनन्। सुनेको घटनाले मात्र कसैलाई यस्तो काममा लाग्न प्रेरित गर्ने कुरै आएन। त्यसमाथि देशमा द्वन्द्व कायम थियो। कुनै पनि रूपमा माओवादी वा सुरक्षा निकायलाई बिच्काएर खतरा मोल्न कोही चाहन्थेनन्।

म भने यो नयाँ सपनाको पछाडि निरन्तर लागिरहें।

सुर्खेत, नेपालगन्ज र काठमाडौंतिर बसाइ सरेका जुम्लीसँग सम्पर्क बढाएँ। सहयोगको याचना गरें। सुरुमा काठमाडौंमै सानो स्तरमा कार्यक्रम गरेर कात्तिक २८ लाई सम्झन थाल्यौं। पछि एउटा संस्था दर्ता गरेर औपचारिक रूपमै काम गर्ने निधो गर्‍यौं।

२०६७ सालमा 'एक्सन वर्क्स नेपाल' स्थापना भयो।

र, त्यही वर्ष पहिलोचोटि हामी जुम्लामै कार्यक्रम गर्न सफल भयौं। त्यसयता सानोठूलो स्तरमा वर्षेनी कार्यक्रम भइरहेको छ।

हामीले यो संस्थामार्फत् 'मितेरी गाउँ- सँगसँगै बाँचौं' अभियान सञ्चालन गर्दै आएका छौं।

मितेरी गाउँ अभियानको खास उद्देश्य दसवर्षे द्वन्द्वले छाडेका घाउमा मल्हमपट्टी लगाउनु हो। यसको निम्ति स्थानीय चेतना स्तर बढाउन जोड दिइरहेका छौं। जुम्लाका स्कुलको पढाइमा सुधार ल्याउन आवश्यकताअनुसार 'पार्टटाइम' अतिरिक्त शिक्षकहरू व्यवस्था गर्छौं। पूर्णकालीन शिक्षकहरूलाई तालिम दिन्छौं। गरिब विद्यार्थीलाई छात्रवृत्ति दिन्छौं। २०६८ सालसम्म जुम्ला

र कालिकोटका ३० वटा स्कुलमा हाम्रो कार्यक्रम चलिरहेको छ। हुम्ला र अछाममा विस्तार गर्ने तयारी हुँदैछ।

केही मानवीय सहायताका कार्यक्रम पनि छन्। २०६८ जेठतिर कालिकोटमा एकजना बालक मकै गोड्दै थिए। बारीमै बम पड्कियो। उनका दुवै आँखा फुटे। हामीले एक वर्ष काठमाडौं राखेर उपचार गरायौं। आँखा प्रत्यारोपण गऱ्यौं। अहिले उनी देख्नसक्ने भएका छन्। द्वन्द्व प्रभावित महिला तथा पुरुषलाई आयमूलक सीप सिकाएर पुनर्स्थापनाको प्रयास गरिरहेका छौं।

घरेलु हिंसा र महिला यौन शोषणका घटनामा उजुरी दर्ता गर्न र मुद्दा चलाउन पनि हाम्रो संस्थाले सहयोग गरिरहेको छ। सुरुमा स्थानीय स्तरमै मुद्दा चलाउँछौं। त्यहाँबाट प्रक्रिया अघि बढेन भने त्यो मुद्दालाई काठमाडौंसम्म ल्याउँछौं। महिला अधिकारका सवाललाई राष्ट्रिय स्तरमा उठाउन हामी पहल गरिरहेका छौं। पश्चिम नेपालमा परम्परात रूपले चल्दै आएको छाउपडी प्रथा उन्मूलनमा भिडिरहेका छौं। राजनीति तथा शान्ति प्रक्रियामा महिलाको अर्थपूर्ण सहभागिताका निम्ति नीतिगत 'लबिङ'का काम भइरहेका छन्।

यस्ता विभिन्न कार्यक्रम गर्न हाम्रो संस्थाको स्रोत चन्दा संकलन हो। स्वदेशी तथा विदेशी व्यक्ति र संस्थाहरूबाट हामी जुम्लाको निम्ति भनेर चन्दा उठाउँछौं। गएको वर्ष (सन् २०१२) १० हजार अमेरिकी डलर जम्मा भयो। यसमा जनश्रमदान र स्वयंसेवासमेत गरी ८० हजार डलर बराबर काम भएका छन्। सन् २०१३ को पहिलो चार महिनामा ९ लाख रुपैयाँ उठिसकेको छ। म आफैं यो संस्थामा स्वयंसेवीका रूपमा काम गरिरहेकी छु। मेरो व्यक्तिगत खर्च बा र बहिनी सम्झनाले धान्दै आएका छन्।

एउटा विदेशी कार्यक्रमको जागिरे भएर पहिलोचोटि जुम्ला पुगेकी थिएँ म। कार्यक्रम सकियो, मेरो काम सकिएन। जुम्लामै बसें। जुम्लाकै भएँ।

यो अथक र अविराम समर्पणका पछाडि कुनै प्राप्तिको लोभ मलाई कहिल्यै थिएन। अहिले पनि छैन। तर, २०६९ सालमा मैले एकैचोटि दुइटा फल पाएँ।

अमेरिकाको युनिभर्सिटी अफ स्यानडियागोले मलाई द्वन्द्व प्रभावित क्षेत्रमा काम गरेबापत् 'वुमन पिसमेकर- २०१२' का रूपमा सम्मान गऱ्यो। लगत्तै राष्ट्रसंघीय विकास कार्यक्रम (युएनडिपी) ले 'एन-पिस अवार्ड २०१२' को निम्ति योग्य ठान्यो।

म योग्य थिएँ कि थिइनँ वा छु कि छैन, थाहा छैन। एउटा कुरा निश्चित हो, यी दुई अन्तर्राष्ट्रिय सम्मानले मेरो मनोबल उच्च भएको छ। फेरि अर्को अजंगको पहाड चढ्ने लक्ष्य लिन थालेकी छु।

र, मेरा पाइला झनै दह्रो भएका छन्।

माओवादी हमलामा मसँग एउटै छानामुनि बाँचेका भानु भाइका बुवा महाशंकर देवकोटाले मलाई 'धर्मपुत्री' मानेर जुम्लामै डेढ रोपनी जग्गा दिनुभएको छ।

'मेरो छोरा र यी नानी मरेर बाँचेका हुन्,' उहाँले जग्गा हस्तान्तरण गर्दा भन्नुभएको थियो, 'यिनी मेरी धर्मपुत्री हुन्।'

तिला नदीको झोलुंगे पुल तर्नेबित्तिकै बोहोरा गाउँको त्यस जग्गामा 'मितेरी शान्ति वाटिका' निर्माण गर्ने घोषणा मैले गरेकी छु। बोर्डसमेत टाँगिसकेँ। त्यहाँ खलंगा हमलामा मारिएका सबै ज्ञात/अज्ञात व्यक्तिको सामूहिक सम्झनामा एउटा सालिक निर्माण गर्ने योजना छ। ध्यान र योग केन्द्र बनाउने पनि सोचिरहेकी छु।

आउँदो सेप्टेम्बर २१ (२०७० असोज ५ गते) मा विश्व शान्ति दिवस पारेर मितेरी शान्ति वाटिकाको औपचारिक घोषणा र कार्यक्रम गर्ने धोको छ। यसैमा भरमग्दुर लागिरहेकी छु।

म सधैं भन्ने गर्छु, कुनै पनि व्यक्तिको जन्मिने ठाउँ उसको छनोटको विषय होइन। कोही धनी देशको धनी परिवारमा जन्मन्छ, ऊ धनी हुन्छ। त्यसमा उसको योगदान केही हुन्न। कोही गरिब देशको गरिब परिवारमा जन्मन्छ।

त्यसमा पनि उसको दोष केही हुन्न । जहाँ जन्मे पनि, जहाँ हुर्के पनि, हामी सँगसँगै बाँच्न सक्छौं । जन्मका आधारमा आफूले पाएको क्षमता वा स्रोतलाई अलिकति बाँडेर आफूभन्दा कमजोरलाई बराबरीको हैसियतमा उभ्याउने सामर्थ्य हामीमा छ । प्रश्न यतिमात्र हो, यो सामर्थ्यको उपयोग कसरी गर्ने ?

'मितेरी गाउँ- सँगसँगै बाँचौं' अभियान यही प्रश्नको उत्तर खोज्ने जमर्को हो ।

❑❑

र, अन्त्यमा ...

सानो छँदा आमा 'नर्क' जानुहोला कि भनेर मलाई खुब चिन्ता हुन्थ्यो ।

गाउँकै एकजना पण्डित बाजेले आमालाई भन्नुभएको मैले सुनेकी थिएँ, 'खै गंगामाया, तैंले छोरा पाइनस्, नर्क जान्छेस् कि क्या हो तँ त?'

नर्क भनेको के हो, मलाई थाहा थिएन । यत्ति थाहा थियो, त्यहाँ साह्रै दुःख हुन्छ । मान्छेलाई उम्लेको तेलमा डुबाएर छाला काढिन्छ । भत्भती पोल्ने गरी नुनखुर्सानी दलिन्छ । टाउको मुन्तिर, खुट्टा मास्तिर फुन्ड्याएर राखिन्छ । कोर्रा हानिन्छ । खानलाउन दिइन्न । राक्षसहरूले दिनरात सताउँछन् ।

त्यही भएर ती पण्डित बाजेले आमालाई सरापेको सुन्दा मेरो मुटु चसक्क खान्थ्यो ।

विस्तारै बुझ्दै गएँ, गाउँभरका महिला आमालाई यसैगरी सराप्दा रहेछन् । छोरा पाइनन् भनेर । उनीहरू भन्थे, 'छोराले दागबत्ती दिएमात्र वैतरणी तरिन्छ ।'

बचन सुन्नुपर्ला भनेर आमा छरछिमेकमा धेरै आउजाउ गर्नुहुन्थेन । माइती पनि कम जानुहुन्थ्यो । भित्रभित्रै कुँढिनुहुन्थ्यो । मुखले भने केही बोल्नुहुन्थेन ।

संयोगले, हामी पाँच दिदीबहिनीपछि छैटौंचोटिमा छोरा जन्म्यो ।

म भाइ जन्मेकोमा जति खुसी थिएँ, त्योभन्दा कैयौं गुणा बढ्ता खुसी आमाले अब नर्क जानुपर्दैन भनेर भयो ।

अब मेरी आमा पनि वैतरणी तर्नुहुन्छ – म भित्रैदेखि दंग थिएँ ।

मभित्र बा र आमा दुवैको गुण छ।

मलाई बाले सपना देख्न सिकाउनुभयो, आमाले मुटु नकमाई त्यो सपनालाई पछ्याउने साहस दिनुभयो।

मेरी आमाजत्तिको दह्रो आत्मबल भएकी महिला मैले आजसम्म भेटेकै छैन। आफ्नै आमा भएर भनेकी हैन। उहाँको स्वभावै यस्तो थियो, अनपढ गाउँले महिला भन्नै नसुहाउने।

उहाँलाई पढाइलेखाइमा निकै चाख थियो। सानोमा मामाहरू रुखमुनि बसेर पढ्नुहुन्थ्यो रे। आमाले त्यो हुलमुलमा पनि छिर्न नपाउने। टाढाबाट लुकेर हेरिरहनुहुन्थ्यो रे। 'कहिले तेरा मामाहरू पढेको अलिअलि सुनिन्थ्यो, कहिले त्यो पनि सुनिन्थेन,' आमा भन्नुहुन्थ्यो, 'तिमीहरूले पढ्नलेख्न पाएका छौ, भाग्यमानी छौ, यो भाग्य खेर नफाल्नू।'

हाम्रो घरबाट दस मिनेट दूरीमा चितवन राष्ट्रिय निकुञ्जको 'बफर' क्षेत्र पर्थ्यो। त्यसबेला घाँसदाउरा काट्न छुट थियो। म बिहानको कक्षामा पढ्थेँ। एघार बजेतिर स्कुलबाट फर्केपछि भैंसी चराउन आमासँग जंगल जान्थेँ। यो हाम्रो दैनिकीजस्तै थियो।

जंगलमा सालका रुख टन्नै हुन्थे। सालको फूल पाकेपछि भुइँमा झर्छ। आकाशको ताराजस्तै मिलेर बसेको हुन्छ भुइँमा। हामी त्यसलाई टिपेर धान सुकाएजस्तो एकै ठाउँमा सम्म पारेर राख्थ्यौं। सलाइ कोरेर बाल्थ्यौं। आगो सल्काएपछि फूलका पत्र डढ्छन्, बियाँमात्र बाँकी रहन्छ। त्यही बियाँ जम्मा पारेर हामी बजारमा बेच्न लग्थ्यौं। मलाई त्यसबेला सालको बियाँ किन बिक्री हुन्छ, थाहा थिएन। साबुन बनाउँछन् कि जस्तो लाग्थ्यो। यत्ति बुझेकी थिएँ, त्यही बियाँ बेचेर आएको पैसाले घरको धेरथोर गर्जो टर्थ्यो। आमाको अलिअलि औषधि किन्न पुग्थ्यो।

बजारमा बियाँ बेच्न जाँदा आमा खालि मसँग पढाइकै कुरा गर्नुहुन्थ्यो। 'यस्तरी दिनभरि दुःख गरेर काम गऱ्यो, कति पैसा भयो, कति दियो, केही थाहा पाउँदिनँ,' उहाँ भन्नुहुन्थ्यो, 'तिमीहरूचाहिँ म जस्ती नहुनू। राम्ररी पढ्नू।'

स्कुल जान नपाएको र पढ्नलेख्न नजानेकोमा सधैं थक्थकाउने मेरी आमा पछि प्रौढ कक्षामा भर्ना हुनुभयो। र, बुढेसकालमा भए पनि कखरा अक्षर चिन्ने र आफ्नो नामसम्म लेख्न जान्ने हुनुभयो।

जिन्दगीमा कुनै धोको अधुरो नराख्ने र त्यसलाई आफ्नो सामर्थ्यले भ्याएसम्म पछ्याइरहने गुण मैले मेरी आमाबाटै सिकेकी हुँ।

हाम्रो घर र बारी झन्डै दस मिनेटको दूरीमा छ। एकदिन आमा र म बारीमा मल राख्न गएका थियौं। फर्कंदा बाटोको एउटा कल्भर्टमा सिनो डुङडुङ्ती गन्हाइरहेको रहेछ। मैले सहन नसकेर नाक छोपें।

'किन नाक छोपेको?' आमाले हप्काउँदै सोध्नुभयो।

'गन्हायो नि त,' मैले जवाफ दिएँ।

'यो पनि अन्नपानीकै शरीर हो, हाम्रोजस्तै,' उहाँले भन्नुभयो, 'राम्रो काम गरेर मऱ्यौं भने अरूले देवघाटमा लगेर सेलाउलान्, नभए हामी पनि यसरी नै सिनोजस्तै डुङडुङ्ती गन्हाएर मर्छौं। घिन मान्नुहुन्न। यसलाई हेरेर सिक्नुपर्छ।'

'के सिक्ने हो नि सिनो हेरेर?' मैले नबुझेर सोधें।

'जिन्दगीमा कुकुर भएर बाँचेपछि यस्तै हुन्छ। कुकुर भएर बाँच्ने कि मान्छे भएर, त्यो हाम्रै हातमा छ।'

जिन्दगीलाई यस्तो फराकिलो आँखाले हेर्ने र मानवीय सोच राख्ने गुण मैले मेरी आमाबाटै सिकेकी हुँ।

हाम्रा एकजना छिमेकी छन्। धनी मान्छे। निकै चौडा खेत छ उनीहरूको। त्यहाँकी बुहारीले एकचोटि आमासँग भनिन्, 'खेतको काम पनि कहिले सक्किएला, अत्यासै लाग्छ मलाई त।'

आमाले उसलाई हप्काउनुभयो। 'कस्तो अलच्छिनी तिमी, काम पनि कहिले सक्किएला भन्नुहुन्छ,' उहाँले भन्नुभयो, 'काम गर्नु त धर्म हो नि। हामीलाई अर्काको खेतमा निमेख गर्नुपऱ्या छ, तिमी आफ्नै खेतमा काम गर्न झिँझो मान्छौ। झन् खुसी हुनु त कहाँ हो कहाँ?'

काम जति धेरै भयो त्यति राम्रो ठान्ने र त्यसमा रमाउने गुण मैले मेरी आमाबाटै सिकेकी हुँ।

आमालाई स्वस्थ र निरोगी मैले कहिल्यै देखिनँ। थाहा पाएदेखि उहाँलाई दमको रोग थियो। अलिकति धपेडी हुनासाथ सास फुल्न थाल्थ्यो। रातभरि खोकिरहनुहुन्थ्यो। एकचोटि सुरु भएपछि १५/२० मिनेटसम्म यस्तरी खोक्नुहुन्थ्यो, फोक्सो निस्केर बाहिरै आउँछ कि जस्तो लाग्थ्यो। धेरैचोटि प्राण गएजस्तो भएर अस्पताल कुदाउनुपरेको थियो।

उहाँ राति भात खाएपछि भुसुक्क सुतिहाल्नुहुन्थ्यो। भाँडाकुँडा माझ्ने काम बिहानलाई राख्नुहुन्थ्यो। सानो छँदा आमाले किन यस्तो गरेको होला भन्ने लाग्थ्यो। नर्स भएपछि उहाँको कष्ट बुझ्न थालेँ। खाना खाइसकेपछि डम्म भरिएको पेटले फोक्सोलाई ठेल्दा अक्सिजन नपुग्दो रहेछ। उहाँ आफ्नो कष्ट देखाउन चाहनुहुन्थेन। यत्ति भन्नुहुन्थ्यो, 'मलाई भात खाएपछि साह्रै निद्रा लाग्छ, कामै गर्न सक्दिनँ।'

कहिलेकाहीँ घरमा पाहुना आए उनीहरूसँग कुराकानी नगरी सुतिहाल्न मिल्थेन। त्यसैले सबैलाई खुवाएर, कुराकानी सकेर, सुताएपछि मात्र आफू खानुहुन्थ्यो। ज्यान गलेर सिन्का भइसकेको थियो। पैसाको अभावले नियमित उपचार हुन सकेको थिएन, तै जिन्दगीबाट आत्तिएको, तर्सिएको वा सुर्ता मानेको मैले देखिनँ। जिन्दगीभरि रोग र गरिबीसँग जुध्नुभयो, तै आँसु बगाएको मलाई थाहा छैन। बरु कहिलेकाहीँ हामी दिदीबहिनीले रुन्चे मुख पार्‍यौं भने उहाँ सम्झाउँदै भन्नुहुन्थ्यो, 'रुनु कुनै पनि समस्याको समाधान होइन।'

जस्तोसुकै आपत पर्दा हिम्मत नहारीकन मन स्थिर राख्नसक्ने गुण मैले मेरी आमाबाटै सिकेकी हुँ।

अहिले महिला मुक्तिका जति प्रगतिशील कुरा सुनिन्छन्, त्योभन्दा लाख गुणा बढ्ता प्रगतिशील हुनुहुन्थ्यो मेरी आमा। उहाँलाई छोराको निहुँमा समाज र इष्टमित्रहरूले धारे हात लाएर सरापे। जुन दिन छोरा पाउनुभयो, समाजको मुख टालियो। कुरा काट्नेहरू कुरा मिलाउन

थाले। आमाको मनमा भने अर्कै कुरा खेलिरहेको थियो। उहाँ सायद छोरा र छोरीबीच भेदभाव गर्ने समाज र संस्कारलाई चुनौती दिन चाहनुहुन्थ्यो। मलाई भन्नुभयो, 'राधा, म मरेपछि तिमीहरू पाँचजना दिदीबहिनीले दागबत्ती दिनू। म मेरी छोरीहरूकै हातबाट दागबत्ती लिएर वैतरणी तर्न चाहन्छु।'

म उहाँको कुरा सुनेरै सिरिंग भएँ। एक त आमाको मृत्युको कुरा, त्यसमाथि छोराले नै दागबत्ती दिनुपर्छ भन्ने धार्मिक मान्यताविरुद्ध उहाँले राख्नुभएको इच्छा।

के जवाफ दिऊँ म? केही बोल्नै सकिनँ।

म चुप लागेको देखेर उहाँले लगातार त्यही कुरा दोहोऱ्याइरहनुभयो, जबसम्म मैले 'हुन्छ' भनिनँ।

त्यसपछि फेरि भन्नुभयो, 'मेरो लास लग्दा टाउको खुल्लै राख्नू। म टाउको नछोपी देवघाट जान चाहन्छु, ताकि अन्तिमचोटि सबैले मेरो अनुहार देख्न पाऊन्। जिन्दगीभरि त दुःखमा बाँचें, मरेपछि गुट्मुटिएर जान चाहन्नँ। अर्कालाई बाँधेको देख्दा पनि उकुसमुकुस हुन्छ मलाई त।'

यो पनि परम्परादेखि चलिआएको मृत्युसंस्कारको ठाडै अवज्ञा हुने कुरा थियो। आमाको इच्छासामु मेरो केही जोड चलेन।

मैले 'हुन्छ' भनें।

उहाँले अन्तिम इच्छा सुनाउनुभयो।

'तिमीहरू कसैले मेरो किरिया बस्नुपर्दैन। बरु त्यो पैसाले गरिब केटाकेटीलाई पढ्ने व्यवस्था गर्दिनू।'

मैले त्यो पनि मानें।

हामीकहाँ 'कुसंस्कार तोड्नुपर्छ' भनेर नारा लगाउनेहरू त अनगिन्ती छन्। तोडेरै देखाउने कोही छैनन्। मान्छेले हिम्मत गर्नुपर्छ, कसैले आँट्न नसकेको अजंगको पहाड नाघ्न सकिन्छ। चाहे त्यो सदियौंदेखि चल्दै आएको रुढीवाद किन नहोस्।

यो गुण मैले मेरी आमाबाटै सिकेकी हुँ ।

आज म ४० वर्षकी भइसकेँ । आफ्नो आदर्श, सिद्धान्त र अठोटलाई अंगालेर जिन्दगी बिताइरहेकी छु । बाले सिकाउनु भएजस्तै सपना देख्छु । आमाले भन्नु भएजस्तै सपनालाई पछ्याइरहन्छु । उहाँहरूले न कहिले मेरो जिन्दगीमा हस्तक्षेप गर्नुभयो, न मेरो यात्रामा कुनै अड्चन आउन दिनुभयो ।

यहाँसम्म कि, आमाले मेरो बिहेको चिन्ता पनि कहिल्यै गर्नुभएन । बरु बा बेलाबेला 'तँ बिहे गर्दैनस्' भनेर सोध्नुहुन्छ । आमाले कहिल्यै केही भन्नुभएन । उल्टै कसैले 'छोरीको बिहे गर्ने हैन' भनेर सोध्दा आमा जवाफ दिनुहुन्थ्यो, 'बिहे भनेको मान्छेको इच्छाको कुरा हो, जबर्जस्ती गर्नु हुँदैन ।'

तर, किन हो, उहाँ कान्छी बहिनीलाई भनिरहनुहुन्थ्यो, 'तँ चाहि बिहे गर् है नानी ।'

एक दिन त अचम्मै गर्नुभयो । त्यसबेला आमा दमले सिकिस्त हुनुहुन्थ्यो । घरमै अक्सिजन दिएर राख्नुपरेको थियो । बहिनी सँगै थिई ।

आमाले उसको हात समातेर भन्नुभयो, 'तँ बिहे गर् है ।'

बहिनीले जवाफ फर्काइन । सधैं यस्तै भनिरहने हुँदा ऊ चुप्प लागेरै सुनिरही । आमालाई त के सुर चढ्यो, छोड्दै छोड्नभएन । तारन्तार सोधिरहनुभयो, 'ल अहिले भनिहाल् त, तँ मेरो कुरा मान्छस् कि मान्दिनस्?'

निकै बेर कर गरिरहेपछि बहिनीले हार खाएर भनी, 'मान्छु आमा, मान्छु ।'

उसको जवाफ सुन्नेबित्तिकै आमाले लामो सास तान्नुभयो ।

निकै लामो ।

त्यसपछि सासै फेर्नुभएन ।

त्यो २०६६ वैशाख १ को दिन थियो ।

नयाँ वर्षको दिन सूर्यका नयाँ किरण भर्खरै धर्तीमा पोखिन थालेका थिए। मेरो जिन्दगीको सूर्य भने अस्ताइसकेको थियो।

म आमाको अन्तिम संस्कारको तयारीमा लागेँ। बिनु दिदी, उषा दिदी, बहिनी सम्झना र भाइ किशोर सँगै थिए। विन्दु दिदी भने दुई दिनअघि ससुरा बितेर आउन पाउनुभएन।

हामीले आमाको पार्थिव शरीर कात्रोमा बेरेका थियौं, तर चोयाले मचक्क पारेर कसेका थिएनौं। शिर त खुल्लै थियो।

किरियाविधान पूरा गर्ने पण्डित बाजेले आपत्ति जनाउनुभयो।

म कुनै हालतमा आमाको अन्तिम इच्छा पूरा गरिछाड्छु भन्नेमा दृढ थिएँ।

हामीले आमाको शव र मलामीलाई देवघाटसम्म पुऱ्याउन एउटा भ्यान भाडामा ल्याएका थियौं। हुन त मलामी नदीसम्म हिँडेरै जानुपर्छ भन्ने चलन छ। अन्तिम संस्कारमा आएकालाई नदीसम्म हिँड्ने कष्ट नदिनू भन्ने आमाकै इच्छा थियो।

हामी देवघाट पुग्यौं।

आत्मालाई जल अर्पण गर्ने र दागबत्ती दिने समय आयो। आमाको इच्छाअनुसार म आफैं अघि सरेँ। छोरा हुँदाहुँदै छोरीले दागबत्ती दिने कुरालाई बाजेले मान्दै मान्नुभएन। रीतिअनुसारै हुनुपर्छ भनेर अडिग हुनुभयो।

'तिम्रो भाइले नै दागबत्ती दिनुपर्छ नानी,' उहाँले भन्नुभयो, 'किरियाविधानले यही भन्छ।'

'किरियाविधानले के भन्छ म जान्दिनँ बाजे,' मैले भनेँ, 'आमाको अन्तिम इच्छा यही हो।'

करिब एक/डेढ घन्टाको विवादपछि उहाँले आफैं सहमतिको बाटो खोज्नुभयो, 'ठिक छ, तिम्रो बालाई कुनै आपत्ति छैन भने म रोक्दिनँ।'

अब अन्तिम निर्णयको जिम्मा बाको थियो ।

बा पण्डित बाजेको नजिक आउनुभयो । शिर निहुराउनुभयो । अनि दुई हात जोडेर विस्तारै भन्नुभयो, 'छोरा कि छोरी? छोरी कि छोरा? मेरा लागि दुवै बराबर हुन् ।'

मैले आफ्नै हातले आमालाई मुखाग्नि दिएँ ।

उहाँका सबै अन्तिम इच्छा पूरा भए ।

स्वर्ग र नर्कको भेद म जान्दिनँ ।

यत्ति थाहा छ, मृत्युपछि मान्छेको आत्मा न स्वर्ग जान्छ, न नर्क । यहीं बस्छ । आफूलाई माया गर्ने आफन्तहरूकै बीचमा । आफ्ना प्रियजन्को सुखमै आत्माको स्वर्ग छ । दु:खमा नर्क ।

मेरी आमा पनि यहीं हुनुहुन्छ । हाम्रै बीचमा । मसँगै ।

त्यसैले म सधैं सुखी रहन चाहन्छु । मलाई थाहा छ, मेरो सुखमै आमाको स्वर्ग छ ।

हामीले आमा बित्नुअघि नै उहाँ र बाको नाममा 'गंगा-देवी छात्रवृत्ति कोष' स्थापना गरेका थियौं । यसले फेल भएका दलित विद्यार्थी छानेर छात्रवृत्ति दिँदै आएको छ । बहिनीले पनि दुई वर्षअघि बिहे गरिसकी ।

पछुतो यत्ति छ, मैले आमाको दु:ख बाँड्न सकिनँ । आमा सास फुलाएर रातदिन खोकिरहनुहुन्थ्यो । म आफ्नै धुनमा बसिरहें जुम्लामा । उहाँ मलाई भनिरहनुहुन्थ्यो, 'तैंले चितवनमै बसेर काम गरे हुन्न?'

त्यतिखेर मैले यसलाई हल्का रूपमा लिएकी थिएँ । अहिले सोच्छु, आमाले पीडा खप्न नसकेर नर्स छोरी सँगै भइदियोस् भन्ने चाहनुभएको त हैन? हो रहेछ भने, उहाँको आशय बुझ्न नसक्नु मेरो जिन्दगीको सबभन्दा ठूलो भूल हो । जसलाई म जिन्दगीभरि सच्याउन सक्दिनँ ।

मृत्यु हुनु छ महिनाअघि मात्र मैले थाहा पाएँ, आमाको त दम बल्झेर फोक्सोको क्यान्सर भइसकेको रहेछ। मैले बालाई अहिलेसम्म यो कुरा भनेकी छैन। जिन्दगीका अन्तिम छ महिना निकै कष्टपूर्ण रह्यो आमाको। कृत्रिम अक्सिजनमा छ/छ महिना बिताउन कम गाह्रो हुन्न भन्ने मलाई थाहा छ।

सोच्छु, नर्स भएर पनि केही गर्न सकिनँ मैले आमाका लागि।

यसको पछुतो जिन्दगीभर रहिरहनेछ।

बा ७६ वर्षको हुनुभयो।

चितवनमा भाइ-बुहारीसँग बस्नुहुन्छ। अहिले पनि ज्यान तगडा छ। खेतमा मज्जाले काम गर्न सक्नुहुन्छ। औषधि भने खाइरहनुपर्छ। आमाको मृत्युपछि अलि एक्लो महसुस गर्न थाल्नुभएको छ। त्यही भएर मलाई भेट्न आइरहनुहुन्छ। फोनमा बारम्बार कुरा भइरहन्छ। कतै 'फिल्ड'मा जाँदा मिल्यो भने सँगै लिएर जान्छु। अरू दिदीबहिनीले पनि निकै ख्याल राख्छन्।

२०६८ साउनमा मैले बालाई जुम्ला लगेँ।

उहाँले करिब ५२ वर्षपछि जुम्लामा पाइला टेक्नुभयो। त्यसअघि धेरैचोटि जुम्ला जाने इच्छा देखाउनुभएको थियो। 'मलाई एकचोटि तँसँग जुम्ला जान मन छ,' म जहिल्यै घर जाँदा यस्तै भन्नुहुन्थ्यो।

'अहिले द्वन्द्वको बेला छ,' म टार्थें, 'पछि जाउँला नि।'

र, जुन दिन मैले 'जुम्ला जाऔँ' भनेँ बा फुरुंग पर्दै आउनुभयो।

बा २०१७ सालमा हिँडेरै जुम्ला पुग्नुभएको थियो रे। ठाउँठाउँमा बास बस्दै। कति दिन लाग्यो, उहाँलाई नै हेक्का छैन। जाँदा जाजरकोटको बाटो हुँदै जानुभएको रहेछ। फर्कंदा कालिकोट, दैलेख र डोटीको बाटो समात्नुभएछ।

हामी भने सीता एयरको जहाज चढेर गएका थियौं ।

खलंगा बजार टेक्नासाथ उहाँले रमाउँदै भन्नुभयो, 'जुम्ला त पूरै फेरिएछ नि ! बजार पनि कत्ति ठूलो भएछ !'

चार दिन जुम्ला बसुन्जेल उहाँ दिनभरि बालखाजस्तो यताउति कुदिरहनुहुन्थ्यो । आफू पहिले बसेको ठाउँ पत्ता लगाउन खुबै मिहिनेत गर्नुभयो । पत्ता लागेन । धारो र एउटा ठूलो रुख भने पहिल्यै थियो रे । चन्दननाथ र भैरवनाथ मन्दिर पनि 'दुरुस्तै रहेछ' भन्दै हुनुहुन्थ्यो । खालि टहराहरू थपिएछन् रे । तिला नदी पुग्दाचाहिँ उहाँ निकै भावुक हुनुभयो । पानी छोएर पुरानो सम्झनामा डुबिरहनुभयो । निकै बेर ।

म एभरेस्ट होटलको जुन घरमा बस्थैं, त्यही ठाउँमा अञ्चलाधीश कार्यालय भएको उहाँले सम्झनुभयो । अहिले त एभरेस्ट होटल पनि छैन । सुनील दाइहरू सुर्खेतमा बस्न थाल्नुभएको छ । जुम्ला जाँदावर्दा म भेट्न गइरहन्छु । अहिले पनि उत्तिकै गाढा छ हाम्रो सम्बन्ध ।

खलंगा बजार घुम्दा जति रमाउनुभएको थियो, गाउँ डुल्न थालेपछि भने उति नै दुःखी हुनुभयो बा । उस्तै नांगा केटाकेटी । चिसोले पट्पट्ती फुटेका हातगोडा । ननुहाएर लट्टा परेका कपाल । नाकबाट तर्र बगिरहेको बाक्लो सिंगान । ओठ र गालाभरि कक्रक्क सिंगानको टाटा । थोत्रा घर । जता हेर्‍यो माखा भन्किने फोहोर । बोल्न नजान्ने, जाने पनि अपरिचितसामु आउनै धकाउने महिलाहरू ।

'जुम्ला फेरियो भनेको त बजारमा रोटीको टुक्रा जत्रोमात्र फेरिएको रहेछ,' बाले भन्नुभयो, 'गाउँ त उस्तै छ । लवाइ, खवाइ, बसाइ केही फेरिएको छैन ।

पाँच दशकपछि पनि जुम्लाको उस्तै दुर्दशा देखेर बा अति भावुक हुनुभएको थियो ।

'चितवन कहाँबाट कहाँ पुगिसक्यो, जुम्ला भने जहाँको तहीँ छ । उन्ताकदेखि अहिलेसम्म के गरे यहाँका मान्छेले ?'

बाको प्रश्नको जवाफ मसँग छैन ।

जो-जोसँग छ, उनीहरू पनि आजसम्म मौन छन् । न कसैले सोधेकै छन् ।

'आखिर किन फेरिएन त जुम्ला ?'

बाको एउटा कुराले भने म फुरुंग भएँ ।

उहाँले भन्नुभयो, 'अझै हामीभन्दा गरिबै रहेछ जुम्ला । तैंले जुम्लाको सेवा गर्न अझै पुगेको छैन ।'

❑❑